個の力を武器にする最強のチームマネジメント論

なぜ、チームスポーツは強くなれたのか

Best Team Management Theory

久木留 毅
ハイパフォーマンススポーツセンター・
国立スポーツ科学センター　センター長

生産性出版

はじめに

現代社会は変化が激しく、予想が困難で未来を描くことが難しい時代です。それは急速なＩＴ技術の発展に伴い、ビジネスを取り巻く環境も大きく変化し、新しいモデルを作り出してもすぐに時代遅れとなってしまっていることからも理解できるでしょう。また、新型コロナウィルス感染症(COVID-19)によって、世界中の経済と社会秩序の脆弱性があからさまとなりました。このことも予測不可能であり、不確実な現代社会の一例と言えるでしょう。さらに、気候変動による地球温暖化をはじめとする環境問題は、今までの日常を大きく破壊する事態へと進んでいます。これらの問題への対策と経済との両立、国を超えた政治的な調整、社会を取り巻く制度の複雑性などを含めて総合的に国として取り組む課題です。

その中で、私たち個人ができることも少なくありません。利便性の高い現代社会に慣れ親しんでいる中で簡単ではありませんが、時代の大きな転換点の狭間で一人ひとりの行動を改善する必要があります。

そこで本書では、不確実で予測が不可能な現代社会における組織の中で、上司の指示がなくても状況を見極め自ら行動できる能力の必要性について、スポーツの競技を熟知するスペシャリストたちへのインタビューを交えながら紹介していきます。中でも三つのキーワードとなる、セルフレギュレーション（自己調整力）、アダプタビリティ（適応力）、レジリエンス（持続力・耐久力）に着目します。

　スポーツの国際大会において、これまで身体的な能力面から世界に通用しないと言われ続けてきたチーム競技の活躍が多くの人々に感動を与え、テレビの前や、パブリックビューイング、そしてスタジアムへと足を運ばせてきました。中でもアスリートが自分の判断で自由にプレーする姿は、躍動的で美しく創造性を感じさせます。さらに、個々のアスリートが極限の中でそれぞれの役割を果たし、チームに貢献するさまは理想であり、観る者にも感動と勇気を与えます。しかし、それは理想ではありますが、容易になし得ることではありません。

　なぜ、日本のチーム競技は強くなったのでしょうか。地元開催だったからなのでしょうか。外国人の導入が功を奏しているからなのでしょうか。予算の増大が要因なのでしょうか。ハードトレーニングを積んだからなのでしょうか。そこには必ず世界で通用するようになった理由があるのです。その理由の一つがハードワークによる個の強さであることは明らかです。

　２０１９年に開催されたラグビーワールドカップにおいて、日本代表チームが世界の強豪国を次々に倒して予選を突破し、念願のベスト８進出ができたのは、間違いなく個々のアスリートが主体的に献身的なプレーを持続したからです。主体性をもたらせた理由は充分な時間を費やした用意周到な準備と、その期間に身につけた前述の三つの力だったのではないでしょうか。それは、２０１８年に開催されたＦＩＦＡワールドカップにおいて決勝リーグに駒を進めたサッカー日本代表チームも同様ですし、バスケットボールやバレーボールにおいても同じ現象が起こっていました。

これまで日本のチームにとって課題であったハードワークをアスリートたちは、なぜ持続できるようになったのでしょうか。

チームスポーツでは個々の力を結集し、試合の中で出し切ることが勝利につながる大きな要因となっています。そのためのトレーニングでは、個人が基礎体力と技術を地道に磨き上げておくことが求められます。さらに、チームとしての入念な準備も必要です。これはスポーツの世界だけのことではありません。成長を続ける企業、繁栄する企業になるためには、この過程が必要です。

日本企業は、戦後の復興を機にモノ作りにおいて世界に飛び出し、瞬く間に先進国の仲間入りをしました。しかし、１９８０年代後半から１９９０年初頭のバブル景気と、その破綻に伴い失われた10年を経ても、景気回復の兆候がいまだに見られません。

さらに、ＡＩ、5G、ＩoＴ、バーチャルリアリティー（ＶＲ）、量子コンピュータの開発など、世の中を取り巻く環境の変化は加速度的に進んでおり、乗り遅れた組織は衰退の一途をたどることになる可能性が高まっています。その中で世界に目を向けると、ＧＡＦＡ（グーグル、アマゾン、フェイスブック、アップル）と、中国のＢＡＴＨ（バイドゥ、アリババ、テンセント、ファーウェイ）をはじめとしたＩＴ系企業が席巻しており、モノを作るハードビジネスから、ＩＴを活用したソフトビジネスが中心となっています。

これらの時代背景の中で社会に求められているのは、予測不可能な状況においても、自ら考え行動できる自立した強い個人と強い組織であることは言うまでもないでしょう。ただ、どうすれば強くなり世界と対等に戦えるのでしょうか。その答えの一端が、ハイパフォーマンススポーツという特殊な世界に見出すことができるかもしれません。私たちはハイパフォーマンススポーツを、世界一を競い合うフィールドを主戦場とするスポーツと定義づけしています。

ハイパフォーマンススポーツでは、競争構造が激化しています。そのためスポーツ科学、医学、テクノロジーの活用と、専門スタッフの導入、新たな戦略、戦術の立案など、さまざまな取り組みが必要な時代となっています。

しかし、その中で最も重要なことは、世界で通用する自立したアスリートの個の力なのです。そして、個の力を培うには、科学のメソッドに則ったハードトレーニングが必要なのです。

これまでは、そのことよりも戦略や戦術に関する知識を得ることや、サイエンステクノロジーを導入することでチーム力が上がるという幻想に取りつかれていたのかもしれません。もちろん、戦略、戦術、サイエンステクノロジーなどは必要です。ただ、個の力の必要性は、その前の段階として必須項目であることを理解することが重要なのです。

それでは、具体的にどうしていけばよいのでしょうか。本書ではハイパフォーマンススポーツにおいて、新しく注目されている「パフォーマンスビヘービア」という考え方に着目しました。パフォーマンスビヘービアとは、アスリートの行動改善に働きかける概念であり、パフォーマンス向上につながるものとされています。つまり、行動が変わればパフォーマンスに変化が現れるという考え方に基づいているのです。

これまでの研究からアスリートのパフォーマンス向上には、フィジカルレディネス(体力・技術などの身体的な備え）だけでなく、コグニティブレディネス（思考・認知などの知的な備え）が必要であることが明らかになってきています。本書では、パフォーマンスビヘービアの根幹をなすコグニティブレディネスについても紹介します。

特にコグニティブレディネスを構成する要素の中でも先述した、アスリートのセルフレギュレーション（自己調整力）、アダプタビリティ（適応力）、レジリエンス（持続力・耐久力）は、スポーツだけでなく多くの分野で必要な能力です。

もちろんチームに必要なフィロソフィー（哲学）、共通の目的、目標設定、不可欠な個の強さ、情報の収集、固定概念の壊し方、世界基準に向けた取り組み、そしてやり続ける方法などについても重要であることは言うまでもありません。この点についても本書では、各ハイパフォーマンススポーツの競技を熟知するスペシャリスト達へのインタビューの中で触れていきます。

負け続けていたチームが、「なぜ」変貌できたのでしょうか。世界の壁に跳ね飛ばされていたチームが、「なぜ」勝ち続けるようになれたのでしょうか。世界の強豪国から相手にされなかったチームが、「なぜ」恐れられるようになったのでしょうか。不確実で予測不可能な現代社会を生き抜くために、本書が多くの人々の参考となれば幸いです。

２０２１年４月

久木留 毅

目次

第3章 「決断」――チームと組織の構築に必要な考え方

第4章 「改革」——日常を世界基準に

第5章 「挑戦」——個の戦いで世界に負けない／理想の探求

第6章　最強のチームマネジメントに必要な「個の力」

国立スポーツ科学センター
HP SC JAPAN HIGH PERFORMANCE SPORT CENTER
ハイパフォーマンス スポーツセンター

第1章

「個の力」をどう磨くのか

可視化による理解の促進

近年、スポーツ界においてもさまざまなサイエンス・テクノロジーの活用が話題になっています。これらはAI、5G、IoT、GPS（全地球測位システム）、VRなどをスポーツに応用したものが多く含まれています。さらに、これらの基となるセンサー技術の開発と活用は留まるところをしりません。ただ、どんなに最先端の機器を活用しても忘れてはならないのは、目的であるパフォーマンスが向上したかどうかなのです。その意味からもパフォーマンス・ファーストの視点は絶対的なものとして位置づける必要があります。パフォーマンスが向上したかどうかを把握するためには、見える化（可視化）が大きなポイントです。

客観的な指標を誰もが見えるかたちで共有することが重要なのです。このことを忘れて主観的な議論をいくらしても、本当にパフォーマンスが向上したかどうかを理解することはできません。その意味からもスポーツの現場において、客観的なデータを用いた可視化を取り入れる動きが活発になっています。

サイエンス・テクノロジーの進歩

２０１９年ラグビーワールドカップでベスト８進出を果たしたラグビー日本代表は、フィールドの内でも外でも可視化をうまく取り入れていました。

ラグビーにおける可視化に特化したテクノロジーの活用は、２０１５年ワールドカップ日本代表を率いた、エディー・ジョーンズヘッドコーチが導入しました。ドローンによる空中からの俯瞰《ふかん》した映像の撮影、ＧＰＳによる走行距離、スピード、強度の測定などが有名です。さらに、コンディショニング・アプリの導入もアスリート自身に可視化を意識させるための取り組みだったのです。そして、これらは２０１９年ワールドカップ日本代表をベスト８に導いたジェーミー・ジョセフヘッドコーチも継続して活用しました。

この他にも、複数のハイスピードカメラを使った多視点映像分析、さらに、５Ｇによる高速データ通信での映像配信、そしてＩｏＴによるインターネットを介した、選手とコーチ間のコミュニケーションの促進など、あげればきりがないほど国内外においてスポーツの世界でも活用が進んでいます。

さらに、これまで見ることができなかった選手目線のフィールド上の動きや、３次元からの動作解析などを含めて、さまざまな角度からプレーを楽しむこともできるのです。サイエンス・テクノロジーの進歩は、プレーをする選手やコーチがプレーの質を上げるだけでなく、観客側の見る視点も変えていく可能性があります。

ただ、アスリートのパフォーマンス向上を支援する側が忘れてはいけないのは、可視化は何のために行うのかということなのです。サイエンス・テクノロジーの進歩は、さまざまなかたちでこれまで見えなかった部分を見えるようにしてくれます。

しかし、最も重要なのは、見えなかった部分が見えるようになることではありません。その先に本来の目的があるのです。

つまり、プレーをするアスリートが、自分の現在地を把握し、競技力の向上に向けてどのように行動するべきなのか、そのためには何をどれだけ実施しなければならないのかを示して理解を促すことが最も重要です。その結果、アスリートが自ら考えて動くようになることが目的なのです。この部分を見誤るとサイエンス・テクノロジーに使われるだけに陥ります。

コーチ、アスリートにも科学的知識を理解する能力が必要

それではどのようにすればアスリートの行動が変わっていくのでしょうか。そこには、コーチとアスリートの二つの視点が必要になります。

まず、コーチの本来の仕事は、アスリートが望む目的地に導くことです。そのためには、自らが示す方向性や方法論に対してアスリートを納得させる必要があります。このとき、コーチに求められる能力として、科学的な知識を理解する能力(サイエンスリテラシー)があげられます。

たとえば、私がレスリングのナショナルチームで実施したのは以下の点です。世界の中で強豪と戦って勝つためには、まずレスリングに必要な体力要素を明らかにしたうえで、現状の立ち位置を数値化して見えるようにし、理想に近づくためのトレーニングなどを示しました。そのうえで実践と定期的な体力測定を導入して、どれくらいパフォーマンスが向上したかを確認して進めていきました。この場合に

サイエンス・テクノロジーは有効な手段となるのです。もちろん、他にもさまざまな使い方があります。

現状のアスリート自身の心身の状態はどうなのか、プレー中にアスリート自身が見えていない部分で何が起こっているのか、主観で感じる疲労と客観的な疲労はどれくらい違うのか、その他、必要な要因について可視化して示すことで、コーチングに説得力を持たせることができます。

次にアスリートの視点です。アスリートは、自分のバイタルデータ（体温、脈拍、血圧など）やプレー中の映像データを見て正確に判断する知識が必要となります。そのためには、アスリートにも科学的な知識を理解する能力（サイエンスリテラシー）が求められます。

サイエンス・テクノロジーの進化とともに社会で求められる能力が変化しているように、スポーツの世界においても同様のことが起こっています。スポーツ関係者は、このことを受け入れていかなければならないのです。

科学の活用は、客観的な事実を提供するうえで有効な手段です。ただし、提供される側にも最低限の理解力は必要なのは言うまでもありません。科学を基に支援をする側が競技現場のことを理解しようと努力するのと同じように、アスリートやコーチも科学を理解する努力が必要な時代なのです。両者がお互いに歩み寄ることで可視化されたデータは、より有効に活用される可能性が増していくでしょう。

自ら考え行動できるアスリートを育成する

最も大切なことは、アスリートがデータを解釈する能力を身につけるだけでなく、自分の日常生活における行動もパフォーマンスに影響することを理解し、それを含めて常に見直しとプレーの質を変えるための行動を繰り返すことです。

しかし、行動を変えるのは、それほど簡単ではありません。多くのコーチがさまざまな方法で取り組んできましたが、上手くいく方が少ないのが現状です。さらに、うまくいったケースでも経験に基づく抽象的な説明であり、根幹に触れたものはほとんど見当たらないのではないでしょうか。

私は日本レスリング協会の強化スタッフに就任した20年前に、「世界で勝つための厳しいトレーニングの中でも、常に自分で考え、より質の高い行動ができる知性と品格を兼ね備えたレスラー」、つまり「インテリジェント・レスラー」の育成を掲げて一貫指導システムを構築しました。そして、その一貫指導システムで育成されたレスラーたちは、２０１２年ロンドンオリンピックの男子レスリングで24年ぶりとなる金メダルを獲得するとともに、引退後も社会の中で活躍の場を広げています。

現在では、レスリングだけに留まらず、国内のエリートアスリートのトレーニング拠点であるハイパフォーマンススポーツセンターでも、パフォーマンス向上のために自ら考え行動できるアスリートを「インテリジェント・アスリート」と定義して、その考え方の普及に務めています。

しかし、そこで大切なのは、主体的に行動を変えるためにはどうすればいいかということです。前述のとおり、行動変容を促すためにはさまざまな手法がありますが、そう簡単ではありません。多くの人々が自らの行動を変えることに挑戦と失敗を繰り返しているのです。

近年、私たちのハイパフォーマンススポーツの領域でも行動変容を促すための手法が多く語られています。そこで次項では、オランダという国で実践され成功している例を持つユニークな理論について紹介します。

アスリートの行動に着目する——「パフォーマンスビヘービア」という考え方

ハイパフォーマンススポーツの世界では、コンマ1秒やわずか数センチを競い合う常に高いレベルの戦いが繰り返されています。アスリートやチームは、世界で一番を目指し、さまざまな創意工夫がなされています。その中で本当に勝ち続けるためには、実際に戦うアスリート自身に「個を磨く力」が備わっていることが必要なのです。そして、行動変容は、個人を束ねたチームや組織にとって物事をうまく進めるための重要なポイントです。しかし、どのチームや組織においてもこの部分に関する具体的な取り組みが明らかになっていませんでした。

そこで、ハイパフォーマンススポーツの分野において注目されている**「パフォーマンスビヘービア（Performance Behaviour）」**という考え方を紹介します。この考え方を取り入れられると**「個の力が磨かれる」だけでなく、ひいては「チーム力が磨かれる」**ことにもつながっていきます。

包括的な取り組みで アスリートの行動改善に働きかける

パフォーマンスビヘービアとは、アスリートが競技の才能を生まれもったタレントからトップレベルに進化・成長する多面的な過程に着目し、パフォーマンス向上につながるアスリートの行動改善に働きかける概念です。具体的には、競技レベル(パフォーマンスレベル)だけでなく精神的、社会的、教育的、財政的、法的な側面を含む包括的かつ発達的な視点でとらえた"Holistic Athletic Career model"(HACモデル)を基盤に形成されました(図表1-1)。

アスリートは、競技と出会い(競技開始期)、才能を伸ばして(育成期)、トップレベルで競い合うまでに成長し(エリート期)、やがて引退するまで(引退期)、平均で約17年間もの長い年月をスポーツとともに歩みます。これまでハイパフォーマンススポーツ

図表1-1 HACモデル

<table>
<tr><th>年齢</th><th colspan="6">10　　15　　20　　25　　30　　35</th></tr>
<tr><td>パフォーマンス</td><td colspan="2">競技開始初期</td><td>育成期</td><td colspan="2">エリート期</td><td>引退期</td></tr>
<tr><td>精神性の発達</td><td>幼少期</td><td colspan="2">思春期/青年期</td><td colspan="3">(若年)成人期</td></tr>
<tr><td>社会性の発達</td><td colspan="2">保護者
兄弟
友人</td><td>友人
コーチ
保護者</td><td colspan="2">パートナー、家族
コーチ、サポートスタッフ
チームメイト
学生−
学生−アスリート</td><td>家族
(コーチ)
友人</td></tr>
<tr><td rowspan="2">学業・就業</td><td rowspan="2">小学校</td><td colspan="2" rowspan="2">中学校〜高校</td><td colspan="2">(セミ)プロフェッショナルアスリート</td><td rowspan="2">引退後の仕事</td></tr>
<tr><td>大学・大学院</td><td>(セミ)
プロフェッショナル
アスリート</td></tr>
<tr><td>財政基盤</td><td colspan="2">家族</td><td>家族
競技団体</td><td colspan="2">競技団体
NOC/スポンサー
家族</td><td>家族
雇用主</td></tr>
<tr><td>法律</td><td colspan="2">マイナー</td><td></td><td colspan="3">(年齢上の)成人期</td></tr>
</table>

出所:「Wyllemanら,2019」より改変

関係の多くは、パフォーマンスの向上のために競技に関わる部分だけに焦点を当てていました。しかし、アスリート個人の育成や強化には競技面だけを改善しても、パフォーマンスを最大限に伸ばすことはできないことがわかってきました。なぜなら約17年の間には、アスリート一人ひとりの心も段階的に成長し、取り巻くコーチやトレーナー、その他、競技に関わる人々だけでなく、家族や恋人、さらには職場の同僚らを含めた社会的環境が影響しているからです。このことは普通に考えれば当たり前のことですが、これまで見落とされていた重要な部分です。

人間関係をマネジメントできる対人スキルを身につける

たとえば思春期は一般的に、大人や保護者の言うことを聞かない反抗期を迎え、同世代の自分の仲間とのコミュニティでの活動を通して自己のアイデンティティを形成する時期です。そのため競技生活においても、非常にチャレンジな時期だと言われています。実は、思春期は4人に1人のアスリートがスポーツから離れることが明らかになっているのです。この時期を乗り越えて競技を継続できるアスリートは、自分自身のモチベーションが非常に高いか、あるいは思春期のアスリートに適したコーチングができるコーチに恵まれているかのどちらかです。

また、アスリートとしての成長段階に応じて、周囲にいる人たちの構成も変化します。ジュニアの時期は保護者の関わりが大きく、競技力が上がればコーチだけでなくトレーナーや医科学のサポートスタッフなど、より多様な人たちと関わることになります。同時に私生活でも、恋人や配偶者を得るなど社会的な人間関係がパフォーマンスに影響を及ぼす可能性も否定できません。

ある研究では、アスリートが早く引退をして次のキャリア形成に移行する要因には、身体的・精神的な限界や問題だけでなくパートナーの影響によることが明らかになっています。そのため、社会性の発達段階において特に重要になるのは、エリートレベルに到達した成人のアスリートです。この時期に、アスリートが周囲の人間関係をマネジメントできる対人スキルを身につけていることが、パフォーマンス向上におけるリスクを軽減することになります。そのため、アスリートの教育プログラムに対人スキルを組み込む海外機関もあるのです。そして、コーチもまた、この原理を理解していなければ、アスリートをコーチと恋人や家族との狭間に追い込むことにつながります。そしてアスリートはほとんどの場合、恋人や家族を選択することになるのです。

将来に備えた「デュアルキャリア」の必要性

一方で、エリートレベルに到達しても、練習や試合など、フルタイムで競技に専念できる環境を得ることができるアスリートはほんの一握りです。多くのアスリートが、学校教育や仕事との兼ね合いの中で競技を続けているのが現状です。

たとえば、２０１０年から２０１２年のロンドン五輪までにアジア大会やオリンピックに日本代表として出場したアスリートの大学進学率は、平均72・９パーセントで、一般の大学進学率（２０１９年度は54・67パーセント）と比較しても高水準です。アスリートが高いレベルでパフォーマンスを探求しながら、将来に備えた学業や仕事をうまく組み合わせていく「デュアルキャリア」の必要性については、国も言及しているところです。なぜなら、アスリート自身がいくら主体的に長期的な視点からの人生設計を立てることができても、コーチや周囲の理解を得られず、柔軟な教育制度や労働環境が確保できなければ、競技か学業あるいは仕事のどちらかを選択しなければならない状況に陥るからです。

また、スポーツ以外に興味がなく他に何もしていないアスリートよりも、学業を同時に進めているアスリートの方が選手生命も長く、たとえアスリートとしてのキャリアが成功しなくても、その後のキャリアにとてもよい準備ができるとも言われています。このように、教育や就業もアスリートのパフォーマンス向上と深い関連性があるのです。

アスリートを支える基盤は「家族」

次に、アスリートがパフォーマンス向上を目指すうえでの基盤となるのが経済力です。才能があるなしに関わらず幼少期にスポーツに出会い、一定のレベルに到達するまでは、家族の財政的な負担は避けられません。なぜならエリートレベルに達しないと、国や企業からの助成は受けることができないからです。そして、競技生活の最後の時期に差しかかると、再び家族の存在が重要になり、新たな仕事を得る場合には、その雇用元が資金源になるのです。つまり、家族はアスリートの最大かつ重要なスポンサーであり、家族の支えなしにアスリートが競技に出会い、才能を伸ばし、スポーツでのキャリアを築くことはできません。

さらに、成人として果たすべき義務やルールの遵守、あるいはスポンサー契約など、法律的な側面もＨＡＣモデルに含まれるようになりました。

パフォーマンス向上への段階的な進歩や成長を目的にする

このようにアスリートのパフォーマンスには、多様な側面が影響しています。ゆえに、パフォーマンスビヘービアは、アスリートの発達や成長の過程において、多様な側面を踏まえた包括的な取り組みをすることで、常にアスリートの行動に影響を与え、その行動が変わることによって最適な成長を遂げて、パフォーマンス向上につながるという考え方を指すのです。

このＨＡＣモデルを開発し、パフォーマンスビヘービアの概念を構築・提唱したのは、元ヨーロッパスポーツ心理学会（ＦＥＰＳＡＣ）会長であり、ベルギーブリュッセル自由大学の教授であるポール・ウィルマン博士です。ウィルマン博士が着目したのは、アスリートのパフォーマンスの「結果」ではなく、その過程における「プログレス」だったのです。ここで言うプログレスとは、アスリートの進歩・成長を指します。とかくハイパフォーマンススポーツでは目の前の結果にこだわりがちでしたが、これまでの研究の結果から、チームメンバーを構成する個人（一人ひとり）が力をつけるための過程における段階的な進歩や成長を目的にすることで、パフォーマンス向上の可能性が明らかに高くなっているというのです。

もちろん結果がすべてのハイパフォーマンススポーツにおいて、結果にこだわらないことはとても難しく抵抗もありました。しかし、アスリートが競技を開始してから引退するまでのおよそ17年間で、常に結果だけを判断・評価基準にはできません。また、競技を引退してからも長い人生を歩みます。このことからも、長いスパンでアスリートのパフォーマンス及び人間的な成長をとらえ、その時どきの結果だけを求めるよりも、個々の段階的な進歩や成長を重視していくことの方が得るものが大きいのです。

たとえば、人間的に成長し卓越した一人のアスリートがチームに及ぼす影響は、コーチがチームの一人ひとりに変化を与えるより効果的であり、そして影響力が大きかったのです。また、ウィルマン博士がパフォーマンスピヘービアの実践で重要視したのは、個々のアスリートへの直接的なアプローチではなく、コーチを対象としたアプローチだったのです。その理由は、コーチングのあり方や手法そのものが、アスリートの行動変容に大きな影響を与えるからなのです。

スポーツにおいて実際、パフォーマンスにより勝利へと導くのはアスリートです。ただ、忘れてはいけないのは、アスリートの行動変容に強い影響を及ぼすコーチの存在が、そこにはあるということです。

アスリートの行動を変えようとすると、どうしても近視眼的になり、直接、アスリート個人に「ここがいい、ここがダメだ」というアプローチをしがちです。しかし、アスリートを取り巻く環境は複雑であり、さまざまな要因が混在しています。そんな中で、全体を俯瞰してみる、立場が異なるコーチの存在は、最も大きな要因であることを忘れてはいけません。

アスリートのパフォーマンス向上に不可欠な要素
――「コグニティブレディネス」の重要性

アスリートは常に課題と向き合い日々を過ごしています。それらの課題は、競技内だけでなく競技以外でも生じます。なぜなら先に述べたように、多様な側面がパフォーマンスに影響しているからです。そして、課題の中には大きく分けて二種類あります。

一つめは、学業との両立や競技継続のための財政基盤の確保、引退への移行など、同じような年齢や時期になると、ほとんどのアスリートが共通して直面するような一般化された課題や、自分自身の体力的要因の克服や技術的な上達などに関わる、事前に予測が可能なものです。

二つめは、コーチ、アスリート間、保護者や友人などの対人関係や、コロナ禍や地震などの災害、あるいは事故などの外的要因の影響が大きく、自分だけではどうすることもできないものです。

これらは突発的に起こり、ときに状況がめまぐるしく変化し、事前の予測が不可能なものです。二種類の課題を適切に対処していくためには、心理学でいうところの「認知的な備え」が成功するために必要な要因の一つになるでしょう。

「身体的な備え」と「知的な備え」

ここで認知について整理をしておきましょう。

「認知」という言葉は一般的にはあまり使われませんが、心理学や精神医学ではよく出てくる単語です。厚生労働省によれば、「認知」とは、理解・判断・論理などの知的機能を指し、精神医学的には知能に類似した意味であり、心理学的には、知覚・判断・想像・推論・決定・記憶・言語理解などを包括したものです。

これらのことから「認知的備え」とは、あらゆる事態に備えて対応できるように、心の準備をしておくことなのです。

一般的によく知られているとおり、アスリートのパフォーマンスは体力や技術的要素と、思考や認知などからなる要素が大きく関与しています。これらを専門的な見方で説明すると、アスリートのパフォーマンス向上には、次の2点が必要と言えます。

・フィジカルレディネス（体力・技術などの身体的な備え）
・コグニティブレディネス（思考・認知などの知的な備え）

これらは、日本の武道で重んじられる心・技・体（精神の修養、勝負術の鍛錬、身体の発育）に類似している考えです。ただ、「コグニティブ」には精神の修養だけでなく、「知」の鍛錬という意味合いも含まれています。

もう少しわかりやすく説明すると、さまざまなスポーツにおいてパフォーマンスを上げるためには、体力の向上は不可欠です。さらに技術の向上も必要となります。そこで、体力や技術を向上させるための準備をトレーニングというかたちで実践し、試合に備えるのです。これがフィジカルレディネスです。

一方、パフォーマンスの向上には、アスリートの知的な備えも必要です。アスリートは、トップアスリートになるために、何をやるべきかを理解しなければなりません。単に、練習で技術や体力の向上を図るだけでなく、長期的な視点から学業や仕事との折り合いのバランス、一人ではなく保護者や周囲の支援を必要とすること、高いレベルで長期的な選手生活を望むならば、そのために必要となるライフスタイルなど、社会的・財政的な要素も含めて理解し、行動できなければならないのです。また、コーチとの関係性においても、単に指示を待つだけではなく、自らコーチとのコミュニケーションを取り、協働する力が求められます。アスリートが自分の提案や意見を押し通す、あるいはコーチに対抗するという意味ではありません。コーチの言うことをよく聞き、そしてコーチと共に考えることをできる力が重要なのです。自らの成長のために、コーチと双方向のコミュニケーションを取り、やるべきことを実行に移す能動的な姿勢が必要となります。

さらに課題に直面した際には、その状況を分析し、自分が求められていることを理解したうえで周囲にある資源(ヒト・モノ・カネ・情報など)をうまく活用して課題に対する最善の解決策を見出し、それを実行に移す力が求められます。そして、その結果をアスリート自身が検証することで、次への行動改善につながるのです。このサイクルを常に繰り返すことができるアスリートは、技術や体力などのパフォーマンス面での上達・成長速度が速いということが研究でも示されています。しかし、場合によっては、予測不可能な事態に巻き込まれたり、これまで向き合ったことのない問題が起こる、あるいは大きな失敗をしてしまい、どん底に陥ることもあります。つまり、先に述べた課題解決能力を有していても問題が解決しない、物事がうまくいかないといった困難な状況に陥ったときに、投げ出さずに我慢強くチャレンジをし続けることができる力、そこから這い上がることができる力が必要になるのです。これらの力を身につけたアスリートを我々は、知的な備えがあるアスリート、すなわち「インテリジェント・アスリート」と呼びます。そして、この知的な備えを「コグニティブレディネス」と呼ぶのです。

アスリートが備えるべき心理的資質

コグニティブレディネスの概念は、もともとアメリカなどの軍事訓練の一つとして高いパフォーマンス発揮に必要な心理的要因として研究されてきました。軍事訓練で取り入れられた理由は、軍事活動では生命の危機と常に向き合っており、ある意味、究極の活動だからです。

コグニティブレディネスとは「複雑かつ予測不能な軍事任務において優秀なパフォーマンスを確立し、保持するために必要な個人の心理的準備（スキル、知識、能力、やる気、個人的気質を含む）」と定義されています。また、コグニティブレディネスは、複雑かつダイナミックであり、多次元的な概念であると認識されています。

その他、軍事任務展開中の個人を観察するための戦術的な定義や、軍事任務における人事選考のための戦略的定義などもあります。そこで、これらを包括する定義として、コグニティブレディネスは「人として最適な成長を遂げ、パフォーマンスを最大限に発揮するために求められる認知的な資質」と、とらえられています。

ウィルマン博士は、こうした軍事訓練の中で活用されていたコグニティブレディネスの概念の「複雑かつ予測不能な状況でパフォーマンスを遂行する」という点に着目し、ハイパフォーマンススポーツにおける鍛錬に類似していることを見出し、アスリートが備えるべき心理的資質としてとらえることができると考えたのです。

ハイパフォーマンススポーツにおいても、対戦相手や試合会場などさまざまな状況変化に合わせてパフォーマンス発揮のために自らの思考や行動を調整する必要があります。また、試合中などに生じる対戦相手の戦術変更など、想定外の状況に合わせて柔軟かつ最適な選択をしていくことが求められるのです。

さらに、試合など実際にパフォーマンス発揮が求められる場面においては、アスリート自身が状況を冷静に見極め、それまでの練習内容や経験から蓄積した情報を基に、その時どきで最善の選択をしなければならないという点も軍事と似通っていると言えるでしょう。

しかし、コグニティブレディネスは前述のHACモデルのように、アスリートの精神性の発達・成長段階に応じてトレーニングをしていく必要があります。技術や体力などのフィジカルレディネス同様、すぐに身につく力ではありません。

さらに、コグニティブレディネスの発達・育成はアスリートの成長過程と連動することから、日常的かつ頻繁に、継続的な交流を持ち、アスリートに重要な影響を及ぼすコーチ自身の資質向上も求められます。なぜなら、コーチングのやり方によって、アスリートの知的な備え、つまりコグニティブレディネスが育まれると考えられているからです。このことから、コグニティブレディネスの概念や研究成果は、ハイパフォーマンススポーツのアスリートに必要な精神の修養や知的能力の特定や、その能力を伸ばすためのトレーニングに必要なコーチング方法の開発に向けた重要な手掛かりを提供してくれるのです。

コグニティブレディネスを構成する三つの要素

ただ、アスリートのコグニティブレディネスを育むための具体的なコーチング手法は、一律ではありません。現状、コーチングは科学で解明できない「アート」の部分を多く含むのです。

ハイパフォーマンススポーツで言うアートとは、一瞬のひらめきや定量的に分析できないアスリート個人の感覚的な動きから生み出されるパフォーマンスの部分や、それを導き出すコーチの卓越した采配や指導方法などです。たとえば、サッカーでは一瞬のひらめきで思いもよらぬプレーをする選手のことを、イタリア語の「ファンタジスタ」を使って賛辞を送っています。このようなパフォーマンスは、アートと言えるのではないでしょうか。

２０１５年ラグビーワールドカップまで日本代表を率いたエディー・ジョーンズ氏は、「選手一人ひとりにとって、何が必要なのか、それを見極めるのがコーチングにおける『アート』なんです。選手個々の能力を引き出すためには、どのようなコミュニケーションを取るべきなのか。それこそ数限りないケースが考えられるわけです。その見極めにこそ『アート』が生まれるわけです」と語ったことからも理解できるでしょう。このことからも、コーチングの手法は、アスリートとコーチの数だけ異なることが考えられるのです。これらを前提にしたうえで、アスリートのコグニティブレディネスを高めるためにコーチが活用する概念構造を次に示しました。

ここではコグニティブレディネスを構成する要素

図表1-2　コグニティブレディネスを構成する三つの要素

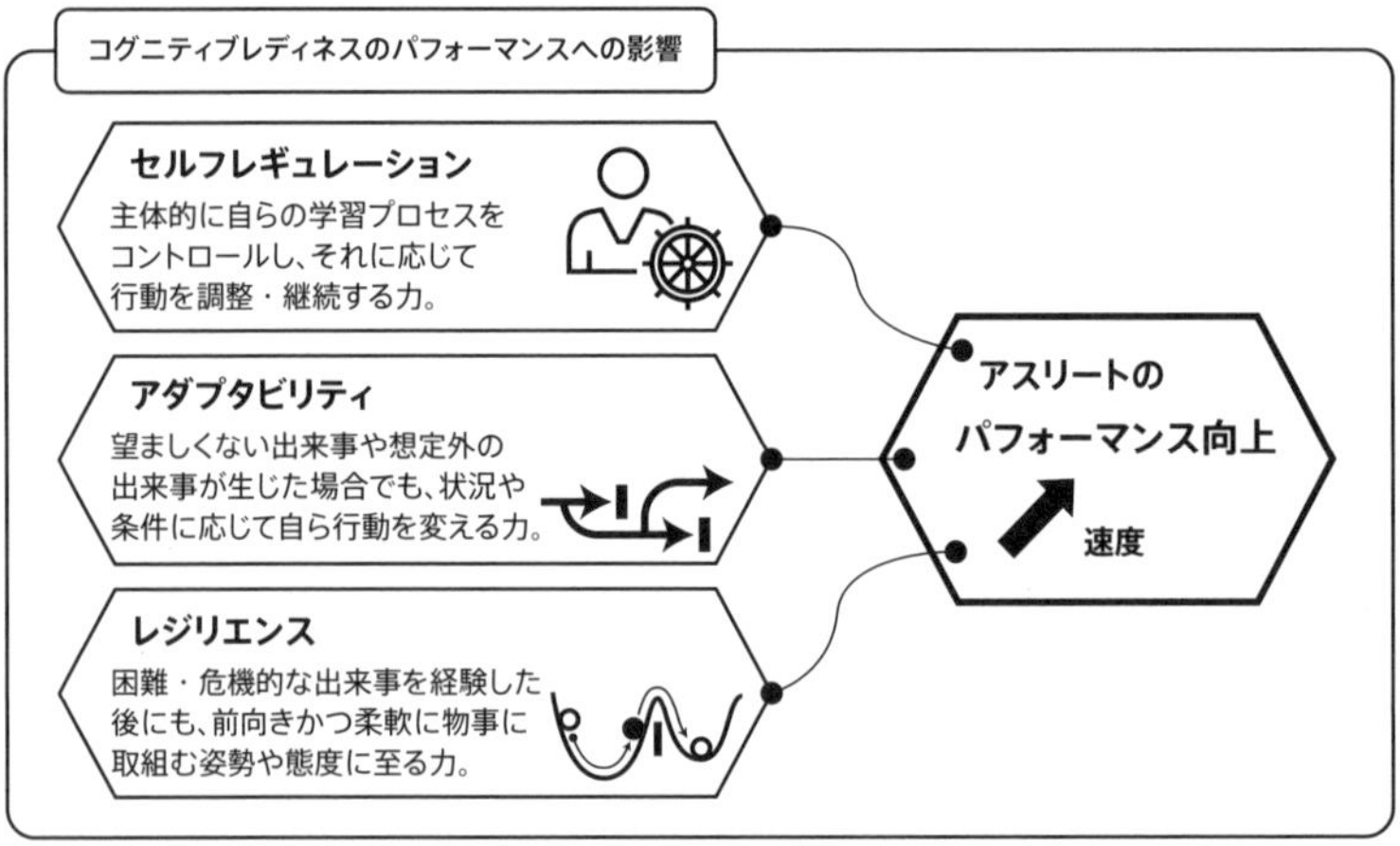

コグニティブレディネスのパフォーマンスへの影響
セルフレギュレーション
主体的に自らの学習プロセスをコントロールし、それに応じて行動を調整・継続する力。
アダプタビリティ
望ましくない出来事や想定外の出来事が生じた場合でも、状況や条件に応じて自ら行動を変える力。
レジリエンス
困難・危機的な出来事を経験した後にも、前向きかつ柔軟に物事に取組む姿勢や態度に至る力。
アスリートのパフォーマンス向上
速度

の中でも、特にアスリートのセルフレギュレーション（自己調整力）、アダプタビリティ（適応力）、レジリエンス（持続力・耐久力）に着目していきます（図表1-2）。

三つの要素について、もう少し説明をしておきましょう。

①セルフレギュレーション（自己調整力）

主体的に自らの学習プロセスをコントロールする力を指します。さらに、自らの技術を習得するプロセスや自分自身の行動を省みて評価し、さらに高めていくために必要な学習方法を理解して具体的な目標設定や達成までの計画を立てることができ、それに応じて行動を調整・継続する力のことを言います。端的に言えば、自らのパフォーマンスを向上させるために必要なＰＤＣＡサイクルを回す力です。

②アダプタビリティ（適応力）

望ましくない出来事や想定外の出来事が生じた場合でも、状況や条件に応じて自ら行動を変える力を指します。つまり、新しいこと、変化、予測不可能な事態に対して、条件や状況に適応し対処する力を言います。これには、問題の改善に向けた新しい方策を見つけ出すと同時に、状況を把握する能力が求められることから、状況認識力と適応するための専門知識が身につくようなトレーニングをすることによって適応力の向上が可能であると考えられています。

③レジリエンス（持続力・耐久力）

困難・危機的な出来事を経験した後にも、前向きかつ柔軟に物事に取り組む姿勢や態度を指します。これには、ネガティブな結果につながる可能性のあるストレス要因に立ち向かうことや、ネガティブな出来事を経験したとしても前向きにうまく適応してやり続けることができる能力を含んでいます。

ハイパフォーマンススポーツの分野で、パフォーマンスビヘービアの精神性の発達に着目し、コーチングを通してアスリートの知的な備えに働きかけることで、アスリートのコグニティブレディネス（特にセルフレギュレーション、アダプタビリティ、レジリエンス）を育成する試みは、スポーツだけではなく広く一般社会に展開できるものだと思います。なぜならば今の時代、どの分野においても必要な人材とは、自ら考え行動する能力を兼ね備えた人だからです。

しかし、それを育成する明確な方法が見当たらないのです。そこで、ハイパフォーマンススポーツのコグニティブレディネスを活用したアプローチ手法は、学校や企業、地域・コミュニティにおいて、前述の能力を持った人材の育成に応用することが考えられるのです。

次項ではオランダの事例を参考に、アスリート個人の行動変容につながるコグニティブレディネスの育成に着目したコーチングの具体的な例について紹介していきましょう。

「見る」から「観察する」へ ——改善すべきことを明確にする

ここでは、アスリートの行動改善につながるパフォーマンスビヘービアの中でもコグニティブレディネスに着目して、ウィルマン博士がオランダで実践している事例について紹介します。

ヨーロッパの小さな国であるオランダは、オリンピックにおいて近年、金メダル獲得ランキングで夏季が10位前後、冬季が5位前後の成績をあげている強豪国です。

オランダのスポーツ推進を担う中心的な組織がオランダオリンピック委員会・スポーツ連合（NOC*NSF）です。多くの国では、オリンピック委員会やパラリンピック委員会、国のスポーツ機関が別々の組織として運営されていますが、このNOC*NSFは、それらが一つになった世界でも珍しいユニークな組織です。その中でハイパフォーマンススポーツの推進を担うのが、チームＮＬ（総称）です。チームＮＬを統括するパフォーマンスディレクター、マウリッツ・ヘンドリクス氏は、その役割と目的について次のように国際カンファレンスで語っています。

「可能な限り多くの競技がオリンピック・パラリンピックなどにおいてメダルを獲得することと、それを通して社会に良い影響を与えることが役割であり、目的である」

ハイパフォーマンススポーツにおいてメダルの獲得に国が寄与する意義はそれぞれ国によって違い

ますが、多くの場合、国際舞台で活躍するアスリートの姿が国家としてのプレゼンスを高め、多くの国民に夢や勇気を分かち合うことが理由の大きな要因とされています。

そのためにヘンドリクス氏は、約10年間かけて競技現場の主導者であるコーチの声に耳を傾け、各競技団体の改善に貢献するための組織編成を試行錯誤しました。それまでは現場の最前線のコーチの声が経営側であるフロントサイドに届くことが少なく、問題や課題の改善がなされていなかったのです。そのためコーチたちは競技に専念し、アスリートと向き合うことができませんでした。

パフォーマンスビヘービアを取り入れた強豪国オランダ

ヘンドリクス氏は長い期間をかけて組織を再編成しました。その結果、現在では、パフォーマンスマネジメント、エキスパート、アスリートサービス、ゲームス&オペレーションの四つからなるチームで構成するシステムを作り上げたのです。

中でもユニークなのは、ストレングス&コンディショニング、栄養、メディカル、テクノロジー、研究開発、パフォーマンスビヘービアの専門領域で構成されているスポーツ医・科学などの専門家によるエキスパートチームです。

このエキスパートチームが、本当に融合(分野横断)できて初めて競技力向上につながることを関係者はよく理解していますが、そう簡単ではないのです。その鍵を握っているのが世界的にも珍しいパフォーマンスビヘービア部門なのです。

特に、ヘンドリクス氏は、2012年のロンドンオリンピック・パラリンピックの検証・評価結果を踏まえ、今後の改善点として心理面の強化に着手することを決めて、その改革を任せる人材を探していました。しかし、国内では適任者が見つからず、結果的にベルギー人で専門的な知識と合わせてトップレベルの強化現場で豊富なサポート経験を持つウィルマン博士に協力を求めました。その際、ウィルマン博士はチームNLにおいて、パフォーマンスの向上には、アスリートの行動改善に注力することが最も重要であること、そしてアスリートに最も影響を与える存在であるコーチをサポート対象の中心に据える方針を示しました。そのために、HACモデルをベースとした、従来のスポーツ心理ではとらえきれないパフォーマンスビヘービアという包括的な視点からアプローチすることで、よりアスリートの行動変容を促す試みを実践しているのです。その中の一つがコーチングを通したコグニティブレディネス（知的な備え）の強化です。

重要なのは、アスリートの「行動」を見ること

ここでは、実際にウィルマン博士のサポートを受け、アスリートのコグニティブレディネスの強化を図っているコーチの取り組み事例を知ることで、身近に感じていただければと思います。実際に私たちはオランダを訪問し、2021年東京オリンピックの金メダル候補である競技種目のコーチにインタビューをしました。

そのトップコーチが指導するチームは、常勝軍団です。負ける経験がない故に、一度の負けから這

い上がる力（レジリエンス）を養うことは容易ではありません。だから、本番で負ける前に、アスリートが失敗する状況や機会を意図的に創り出すそうです。コーチは、アスリートができないことをあえてプログラムに組み込むことで失敗をさせ、それに対するアスリートの行動を観察してコグニティブレディネスを構成する能力を試すのです。問題の状況分析はできているか、解決するために最善策を考えられるか、自分の行動を振り返り、どのように変えればいいのかを理解しているかなど、アスリートの現在地を知るのです。

ウィルマン博士が所属するブリュッセル自由大学とオランダのNOC*NSFは、コグニティブレディネスの能力に関わるアスリートの行動を観察するためのツールを開発しました。これは、35項目からなるチェックシートで、観察者となるコーチがアスリートの行動を項目ごとに5段階評価していくものです。しかし、どのような能力を求めるか、そして行動を見るべきかについては、アスリートの年齢や競技レベルによっても異なります。そこで、このトップコーチは、ウィルマン博士からの助言を受けながら、その競技種目での観察ツールを発展的に改訂し、独自のメソッドを構築したそうです。

そのトップコーチは、ウィルマン博士と出会う前も無意識のうちに同様のコーチングをしていたそうです。なぜなら、「自分がアスリートだったときに自分のコーチも私が今、行っているのと同じようなコーチングをしていて、そのコーチングの手法は自身が選手だったときも、とても有効だと思っていたから」でした。だから自分がコーチになってからもそのようなコーチングをしてきたのです。ただ、その裏づけとなる理論は、持ち合わせていなかったそうです。コーチは、「自分が持っていたのは、『そのやり方は自分にとって有効だったのでやってみよう』という意思だけでした」と振り返りました。

その後、ウィルマン博士からパフォーマンスビヘービアの概念に基づき、コグニティブレディネスの理論を学んでからは、自身のコーチングの有効性について「なぜ」と「どうやって」を知ることになったそうです。ここはスポーツにおいてコーチングをするうえで、とても重要な点です。教えられる側は、なぜミスをしたのか、なぜ自分のプレーではうまくいかなかったのか、なぜうまくいく人といかない人がいるのかなど、理由がわからないのです。それを的確に言葉で表現し、示唆していくことが上達には欠かせないのです。しかし、これをできるコーチも多くはないのが実情です。ですから、「なぜ」を知ることがとても重要になってきます。

さらに、「なぜ」の次には、「どうやって」やればうまくできるようになるのか、があるのです。オランダのコーチはそれを学んだあとは、今までやっていた手法がより効果的に実施できるようになったそうです。その内容がどう効果的だったかというと、「観察力」がついた点を強調していました。

もっと客観的に説明すると、「Watching（見る）」から「Observing（観察する）」に一歩引いて見るようになったというのです。このことによって、アスリートの行動に注目するようになったそうです。そして、行動に至った背景を含めて観察することができるようになったのです。つまり、Watching（見る）の状態では、目の前で起こった事象だけを見ていることが多く、Observing（観察する）になると目の前で起こった事象に至った背景を含めて全体像を把握し、着目点が明確になり何を見れば効果的かが理解できるようになるそうです。

その結果として、学ぶ前よりアスリートやチーム、そして状況や環境を観察するようになったそうです。

つまり、重要な点はアスリートの「行動」を見ることでした。「行動」を見るようになってから、改善すべき点が明確にわかるようになったそうです。この点についてコーチは、「自分にとってもこれは学びであり、常に学び続けている」と言います。より具体的に何をしているのかというと、「より良いパフォーマンスができているか、より良い行動ができているか、より良いスキルセットを身につけているか、そういうところを常に観察している」のだそうです。

対処行動を本人に気づかせ、行動改善につなげる

また、コーチは、観察をするだけでなく、さまざまな状況の中でアスリートがとる反応や対処行動を本人に気づかせて行動改善につなげるトレーニングも実践しています。コーチングの中で、アスリートが失敗する環境を作り出すと、審判に文句を言う行動(反応)、プレーがうまくいかないから自分の道具を地面に叩きつける行動(反応)など、失敗に対する自分の行動(反応)などがよく見受けられます。アスリートは無意識にこれらの行動をとり、うまく対処できません。しかし、トレーニングの内外で繰り返し機会を作ることで、意識的にコーチが何をしているか理解するようになります。ただし、この時点では、まだスキルを持ち合わせていないのでうまく行動できません。しかし、トレーニングを重ねると、自分が何をするべきかを理解し、スキルを身につけて行動できるようになります。そして最

後には、意識をしなくても自然に適切な行動が取れるようになるのです。

これは、車の運転と同じです。サイドブレーキを外し、左足でブレーキを踏み、ミラーを見てアクセルを踏むなど、一つひとつの動作を意識してもなかなかできないところから、最後には自然にできるようになるのです。アスリートにこれら一つひとつを段階的に経験させる仕掛けをプログラムに組み込んで、自分で行動を変えることができるように促すのです。そしてそれらの行動(反応)の変化を見ることで、アスリートの成長を確認するのだそうです。

たとえば、もしかしたらオリンピックの本番で自分たちの乗っているバスが会場に着く前に事故で止まり、予定どおりに着かないという場面に遭遇する可能性もあります。そういう場合にどのような行動をとるのか、本番で初めて遭遇してからでは遅いのです。勝つためにあらゆる場面を想定し、訓練によって備える必要があります。それで試しに、密かにバスのドライバーに、練習場に着く1キロ手前でバスを止めるよう頼みました。アスリートは、「あー、バスが止まった。壊れたー」などと騒ぎ出します。あるいは、空港に荷物が届かず、自分たちの道具がない中で戦わなければならない場面も来るかもしれません。だから、練習で道具をわざと失くしておくのです。「あー、道具がない」と騒ぎます。このような状況を作って、アスリートがどう行動(反応)するか、どう問題を解決するか、どう相互に協力するかなどを観察するのです。この際、自分は一度たりともアスリートがどうするべきかを言いません。コーチとしては「何が起こったのか、どう行動(反応)したのか、この行動(反応)はパフォーマンスをするうえで助けになったか」と聞きます。もしアスリートの答えが「ノー(パフォーマンスの助けにならない)」ならば、「それでは、パフォーマンスの助けになるように違う行動(反応)をするために次のときには何ができるか?」と問いかけるのです。つまり、目標とする大会でパフォーマンスを最大限に発揮するためには、予期せぬ出来事が起こったとしても自分自身でそれに適切に対処し、行動できる知的な備えを可能にするトレーニングが必要なのです。

インタビューしたコーチは、パフォーマンスビヘービアの有効性について次のように話をしてくれました。

「試合の流れの変え方、チャレンジの受け入れ方など、コーチはアスリートにプレッシャーの中でプレーをする方法を教えることができなければなりません。さらに、アスリートが人生の中で起こるさまざまな事柄と向き合うことも大切だと考えています。その理由は、アスリートの行動に影響を及ぼすのはフィールドより、それ以外の生活をする場の方が多いのです。そのため私たちは、アスリートをより良い行動のできる人間に育てるように心がけています」

失敗を恐れず、すべてを受け入れ心を開くことが重要

次の事例は、オランダのトップコーチが日本のアスリートを相手にレッスンをしたときのものです。オランダのコーチは「ミスをすることは良くないことですか」と日本のチームに質問をしました。すると、「良くないことだ」とコーチもアスリートもみんな口をそろえて答えたそうです。そこで、オランダのコーチはミスをしたら拍手をして、それを経てできなかったことをできるようになったらさら

に拍手をしたそうです。これにより、アスリートはミスや失敗を恐れずにそこから学ぶことを身につけました。さらに、成長するには失敗が必要だということを理解することが大切だと言うのです。

しかし、スポーツの世界で見られるのはこの逆です。特に幼少期のスポーツでは、ミスをすると大人が子どもを叱る光景をよく見ることがあります。ミスをした子どもをコーチが怒鳴りつけたり、保護者が注意を促したりするのです。その結果、子どもたちはミスをすることを恐れ、ミスをしないようにプレーをしていきます。さらに成長して中学生、高校生、大学生になっても「ミス＝叱られる」の状態から抜け出せないようになるのです。

これはスポーツだけではありません。学校や就職をして組織に属しても、ミスをすると叱られるのではないかと怯えるように行動します。また、叱られないように周囲の目を気にして行動をする人も多いのです。

そこで前述のパフォーマンスビヘービアの概念やコグニティブレディネスの理論を学ぶことは、スポーツだけでなく多くの分野にとって有益ではないでしょうか。しかし、これらを理解するためには、すべてを受け入れることが大切であり、そのために心をオープンにすることが重要だとコーチは強調していました。

これらの事例から、私たちは多くのことを学ぶことができます。

まず、自分の成功体験だけでコーチングを行うのは限界があることを教えてくれます。成功体験は大切な要素です。しかし、それだけではアスリートを導いていくには限界があるのです。しっかりとした理論を学ぶ必要性を示唆しています。また、これはハイパフォーマンススポーツの世界だけの話ではないでしょう。ビジネスや他分野においても同様の事例があるはずです。

また、「Watching（見る）」から「Observing（観察する）」に、物事の見方を変えていく必要性を教えてくれます。「目の前の事象を見る」だけから、「起こっている物事を観察する」ことで、パフォーマンスとそれと深く関係するアスリートの行動までを見て、事象全体を広く深くとらえて判断していけるようになることを教えてくれます。

パフォーマンスビヘービア、そしてコグニティブレディネスを学ぶことで、これまでとは違ったコーチングを行うことができるようになり、アスリートの行動変容を促すことにつながっていく可能性が考えられるのです。

行動を変えたいなら愚直に「改善を繰り返す」

成功するためには、自らの行動を変えることが必要です。それはハイパフォーマンススポーツに限らず、どの世界においても重要な課題です。しかし、これが簡単にいかないのも事実です。才能があるのに成功しない例はいくつもあります。ただ、行動を変えることで成功できるのではなく、正確には成功の可能性が高まるのです。この点はハイパフォーマンススポーツも、一般社会においても同様です。

人はなぜ、成功の可能性が高まるにも関わらず、行動を変えられないのでしょうか。行動を変えるためには何が必要なのでしょうか。どうすれば行動を変えることができるのでしょうか。多くの人がこの点について悩んでいます。

考えられる理由としては、自分の行動を振り返り、整理をし、修正を加えていく習慣が身についていないからではないでしょうか。

では、そのために何をすればよいのでしょうか。

「行動を改善するための理論」を学ぶのは一つの方法です。改善に向けた仕組みを学び、そこに何らかのヒントを見つけるのです。仕組みがわからないまま、闇雲に改善らしきものを繰り返しても成功への道筋は見えてきません。そこで、ここでは改善のための仕組みについて考えていきましょう。

改善のための仕組みを理解する――トヨタ式「カイゼン」

世の中には、改善のための多くのビジネスフレームがあります。その中で、改善の代名詞である、トヨタの「カイゼン」について考えていきましょう。図表1-3は、トヨタのカイゼン方式を私なりに整理したものです。

カイゼンは、トヨタ生産方式から導き出されたものであり、自動化と必要なモノを必要なときに提供するジャスト・イン・タイムが根幹にあります。

ところで、なぜトヨタがカイゼンを編み出したのかと言えば、2001年に発表された「トヨタウェイ」にも書かれているように「無限の可能性をもっている人間の力を最大限に活かすには、知恵を絞って現状を常によりよい方向に改善しよう」という考え方をした結果なのです。社員の間では、行動規範として共有されています。

「会社には仕事に行くのではなく、知恵を出しに行くのだ」「仕事とは、作業＋改善である」とあるように、改善すべき点を発見し、分析とアイデアを加えて改善案を作成するのです。そのうえで実行へと移行し、確認を行い、成果を全員で確かめています。大切なのは「トヨタ方式では無駄を取り除くカイゼン」と「課題を解決するカイゼン」を組み合わせ、行動している点でしょう。ここを誰もが守り、愚直に実行し続けたことで、世界一の自動車メーカーとなったのだと言えるでしょう。

　ここで大切なのは、トヨタの社員には「なぜ、問題が起こるのか」「なぜ、作業の効率が上がらないのか」

図表1-3　トヨタ カイゼン方式

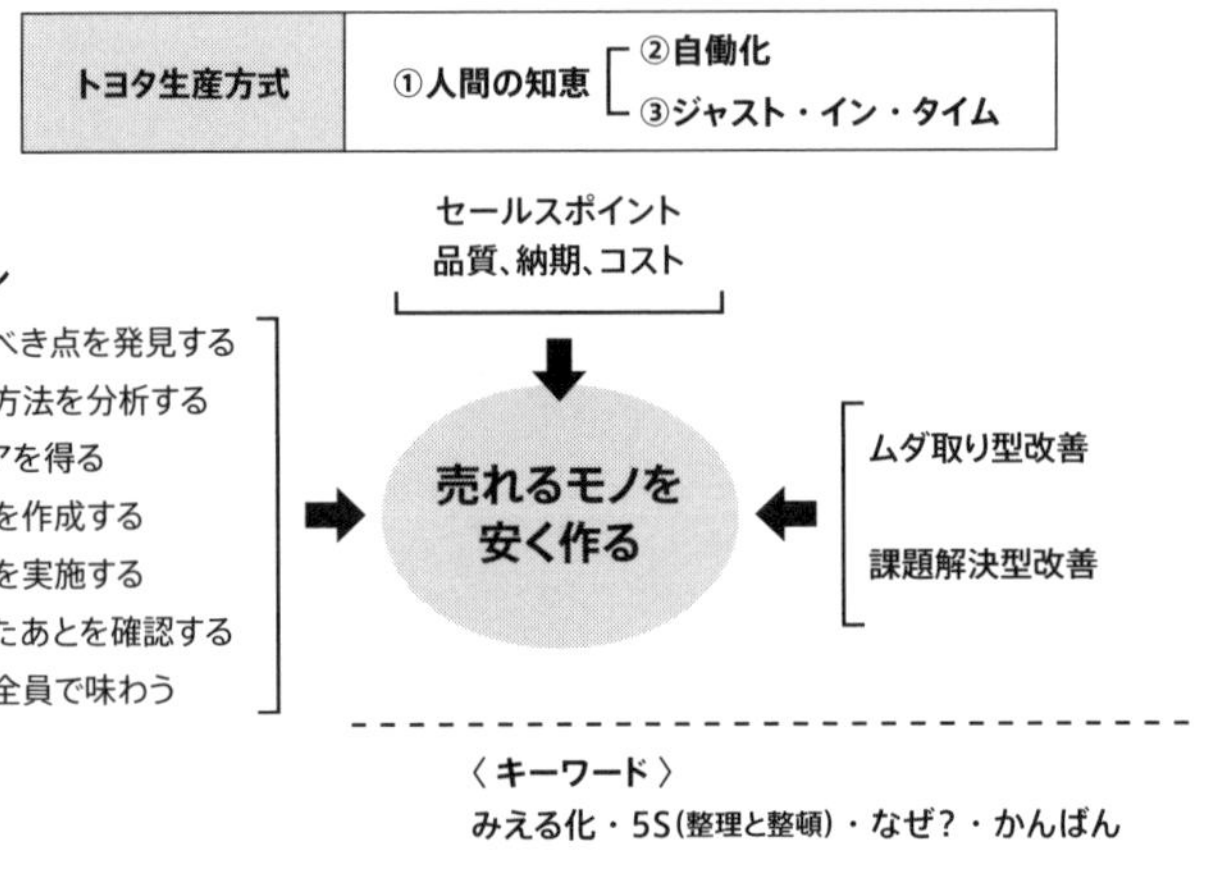

という思考を繰り返す習慣が身についているということです。これがトヨタの「5なぜの法則」と言われるものです。

螺旋状にサイクルを回し続けることが大切

この習慣を身につけるには、自分の行動を振り返り改善を繰り返す手法の代表核である「PDCA」の理論を知っておくのが有効でしょう。そこで、ここでは「PDCA」について考えてみましょう。PDCAは事業や物事を行うときに最低限必要な考え方を理論化したものです。計画(Plan)、実行(Do)、検証／評価(Check)、改善(Action)を繰り返して実践していく手法です(図表1－4)。

よくPDCAのサイクルを回すと言われていますが、重要な点はサイクルを回すたびに改善(A)の部分を進化させることなのです。つまり、螺旋状にサイクルを回し続けることが大切になります。

図表1-4　PDCAサイクル

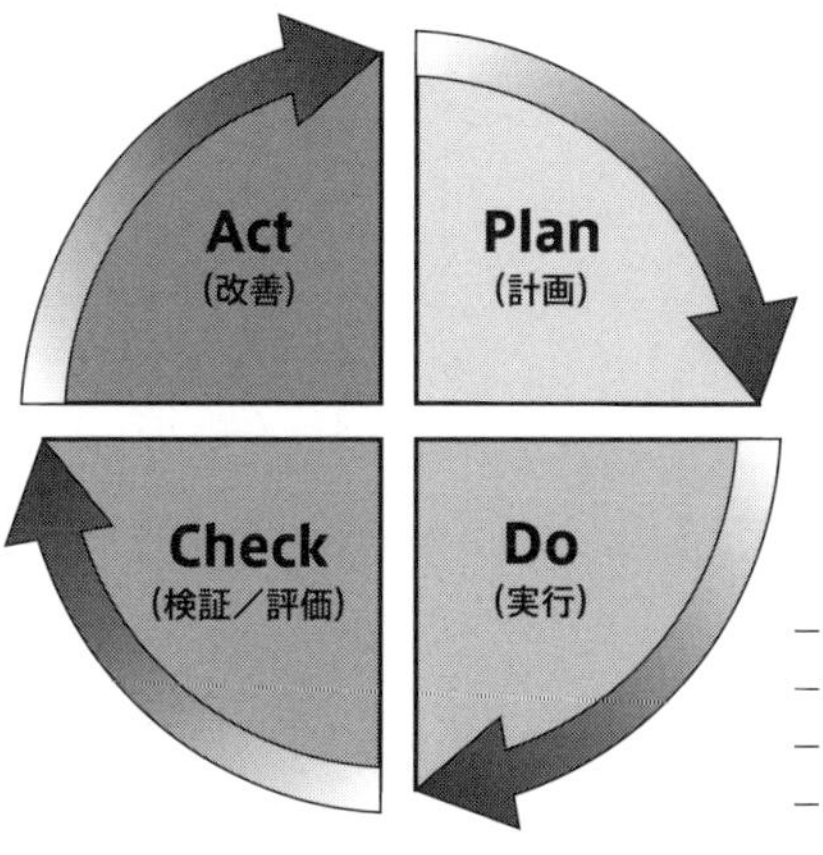

－ データなどの根拠に基づく計画策定と実践
－ モニタリングの指標を決めておく
－ どの段階でも常に見直しを続ける
－ サイクルを回し続ける

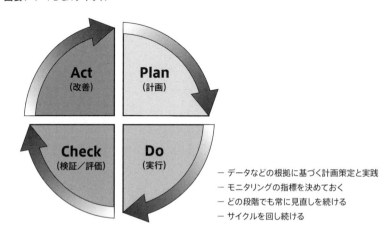

さらに、重要な点は計画（P）の中で必ず目標を数値化しておくことです。数値目標を設定することで個人の主観で成果を判断しないようにすることが大切であり、検証をより具体的に進めることができます。また、前述のとおりPDCAは、何度も繰り返しサイクルを回すことで効果を発揮するフレームです。このことを忘れて一度回して満足するだけでは、本当の効果は得られません。

PDCAというビジネスフレームも前述のトヨタのカイゼンと同じです。従業員がカイゼンという仕組みを使いこなすためには、トヨタ生産方式を理解し、自然と「5なぜの法則」に則り何度も思考をめぐらせる習慣化のためのトレーニングが必要なのです。

V字モデルに則って考える「システムデザイン・マネジメント」

最後に、現代社会は複雑に物事が絡み合い、問題解決が困難な時代と言えるでしょう。その中で日本において注目されているのがシステムデザイン・マネジメントです。学問的な基盤は、「システムエンジニアリング」「システム×デザイン思考」「プロジェクトマネジメント」からなる理論です。学問体系としては大規模で複雑なシステムについて、創造的にデザインを行いマネジメントするものであり、それらの能力を持つ人材を育成するために2008年に慶応義塾大学大学院システムデザイン・マネジメント（SDM）研究科が開設されました。

さて、一般的にも広く使われる「システム」という言葉ですが、改めて定義を確認してみたいと思います。システムとは「多くの要素や部品が相互に絡み合って定義された目的を成し遂げるためのものであり、ハードウェア、ソフトウェア、人、情報、技術、整備、サービス及びその他の要素を含む」と、INCOSE（International Council on Systems Engineering）では定義しています。つまり、ソフトウェアだけでなくシステムには多種多様なものがあるのです。

ＳＤＭではV字モデルに則って考えることが基本とされています。V字モデルとは、システムエンジニアリングの根幹をなす考え方の一つとされています。システムエンジニアリングは、１９６９年7月のアポロ11号による人類初の月面着陸で有名となった「アポロ計画」で用いられ、一躍、有名となりました。現在では、宇宙開発や軍事開発だけでなく都市開発やさまざまな製品開発等の分野で活用されています。

V字モデルは、左側に開発工程（システムのデザイン）である欲求分析、要件定義、基本設計、そして製造へと進む過程が並びます（図表1-5）。対して右側には下からテスト工程である製造、単体テスト、総合テスト、シ

図表1-5　V字モデル

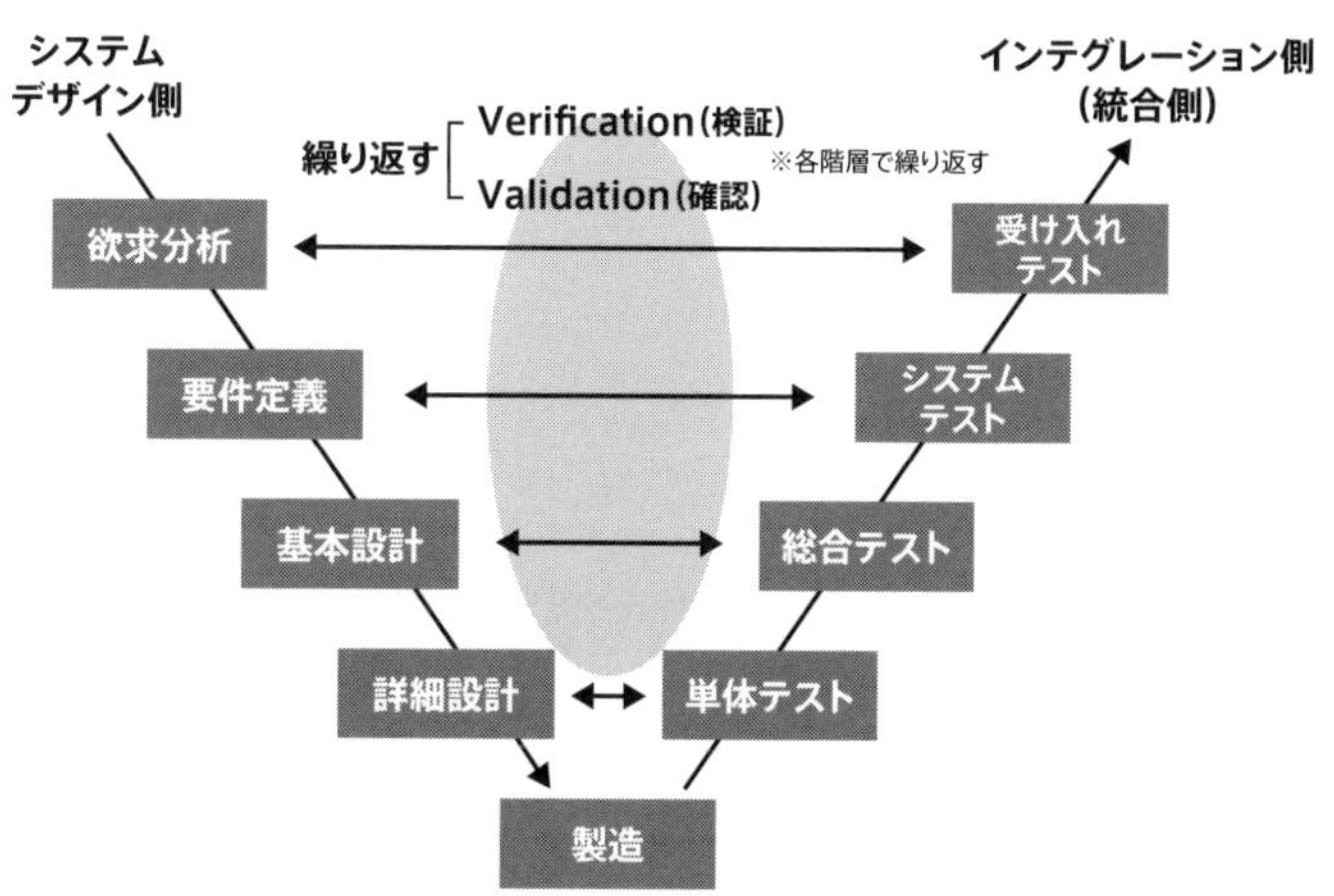

ステムテストの順で並びます。

重要な点は、左側と右側の両方で評価と解析を行うことです。そのためには、検証と確認作業をそれぞれの段階で行う必要があります。もちろん、SDM研究科ではV字モデルだけでなく、さまざまな理論を学びます。ここですべてを説明することはできません。ただ、その考え方の根幹をなすV字モデル一つをとっても理論を知るだけでは意味がないことが理解できます。。何度も開発工程とテスト工程の各段階において検証と確認作業を繰り返していくことが必要なのです。

これらのことから言えることは、「改善は1日にしてならず」です。理論は知らないと闇雲に行動して時間ばかりが消費されます。しかし、理論を知っても何度もトレーニングを行わないとできるようにはなりません。当たり前のことですが、わかっていてもなかなかできないのです。

私の専門はレスリングですが、こんなエピソードがありました。あるとき、ロシアの世界チャンピオンに「どうしたらあなたの技を身につけることができますか？」と質問しました。彼は一言「ミリオン（100万回）」と言ったのです。つまり、試合で使える技を習得するためには、技の構造や、理論を学ぶことは必要です。ただ学んだあとは、ひたすら繰り返して量をこなすのです。考えなくても身体が覚えて、自然に技が出るまで繰り返して練習します。それが、世界を制する技を身につけることになるのです。

世の中には、ビジネスに関するハウツー本が山の数ほど出回っています。しかし、それらを一度読んで理解しても知識を身につけることはできますが、実践で成果を出すことはできません。それは、実践で学んだフレームや理論を使いこなすためには、何度も何度も繰り返すことが最も必要だからなのです。

まさに量をこなしていくしかありません。この部分が最も見落とされている点なのです。そして、成功している組織や個人は、この点を忘れることなく誰よりも量を実践しているのです。

行動変容に必要な三つのポイント

これからの時代は、自ら能動的に行動できるアスリートが求められます。そのためには、行動変容が必要なことは言うまでもありません。テクノロジーの技術が進み、さらに利便性が加速度的に浸透していく中で、教える側は、何を意識していくことが大切なのでしょうか。

それでは、行動変容には何が大切なのか、第1章のまとめとして整理してみましょう。

(1)パフォーマンスの向上につながる、アスリートの行動改善に働きかけるパフォーマンスビヘービアという概念を理解することはとても重要です。「Watching(見る)」から「Observing(観察する)」に、物事の見方を変えていく必要性を教えてくれるパフォーマンスビヘービアの考え方は、アスリートのパフォーマンス向上に役立つ可能性が十分にあります。
(2)その根幹の理論であるコグニティブレディネスに着目することは、とても有益です。ウィルマン博士は、コグニティブレディネスが「最適な成長を遂げ、パフォーマンスを最大限に発揮するために求められる認知的な資質」と説明しています。特にコグニティブレディネスを構成する要素の中でも、アスリートのセルフレギュレーション（自己調整力）、アダプタビリティ（適応力）、レジリエンス（持続力・耐久力）に着目しています。

(3)行動を変えるために必要な改善は、ビジネスフレームを学び理解したうえで実践することで効率よく身につけることができます。ただ、忘れてはいけないのは、フレームや理論にはいくつもの種類があるという点です。そのため、課題にあったフレームを選ぶことが重要となります。さらに、いずれも以下の点を注意して学ぶ必要があります。

①理論を知っているのと、実際に事業でできるのはまったく違います。理論やフレームは書籍やネットでも学ぶことができますが、最も大切なことは学んだあとに、何度も何度も実践を行うことです。多くの人々は、学んで知っていること自体がゴールになってしまっています。

②ハイパフォーマンススポーツの世界では、相手の戦術を分析し理解しても世界で勝てません。大切なことは、理解したあとに、そのためのシミュレーションを何度も何度も繰り返すことが必要です。これは、戦術だけでなく技術の修得にも言えることです。また、これらは決してハイパフォーマンススポーツだけに言えることではなく、ビジネスやその他の分野においても最も重要な過程です。

この三つの行動特性（コンピテンシー）について着目していくことは、自ら行動を起こし、常に改善を繰り返すことのできるアスリートを育成するうえでなくてはならないものなのです。これまで述べてきたことをパフォーマンスに活かしていくためには、愚直なまでにＰＤＣＡを回していくことです。そのときに大切なのは、アスリートもコーチも中長期的な視野を持ち、どんなときでも続けることです。ただ、それぞれの役割は違います。近視眼的にならないためにも、コーチは一歩引いて俯瞰的な視点を持つことを忘れてはいけません。

第２章では、⑴～⑶を踏まえたうえで各スポーツ分野のトップランナーへのインタビューを交えて、チームをマネジメントするために必要な要因について考えていくことにしましょう。

Column

先人から学ぶ、他競技から学ぶ

日本には、その昔とてつもなく強い競技が数多くありました。体操競技がその一つであることは誰も疑う余地がないでしょう。オリンピックにおいて男子体操は、団体種目で1960年のローマ大会から1976年のモントリオール大会まで5連覇を達成したのでした。

それればかりではなく、世界があっと驚くような技を開発していきました。1972年のミュンヘンオリンピックは、その象徴と言えるでしょう。塚原光男さんは、世界で初めて鉄棒の終末技として行ったウルトラC「月面宙返り/ムーンサルト」を成功させ、世界の度肝を抜きました。ただ、その技の開発は、生死を賭けた過酷なトレーニングとケガとの戦いでした。それを克服し見事に完成させたのがムーンサルトだったのでした。ただ、この技は本番まで一度も成功することができなかったそうです。しかし、塚原さんは、覚悟を決めオリンピックの本番で見事に成功させ、世界中を驚かせたのでした。覚悟を決めることができたのは、自ら考え創意工夫した練習を、何度も何度も繰り返してきたからでした。さらに、塚原さんは、1976年モントリールオリンピックにおいて、ひねりをもう一回加えた「後方2回宙返り2回ひねり」、通称「新月面」を成功させたのでした。まさに神業でした。ここにも表舞台に立つまでのハードトレーニングがあったことを理解する必要があるでしょう。

現在、躍進著しい日本の卓球ですが、その昔、世界を席巻した時代がありました。日本が初めて世界選手権に出場した1952年のインド・ボンベイ大会では、男女ダブルス、女子団体、男子シングルスと7種目中4種目で初出場初優勝を遂げました。1950年から1960年代の攻勢期を含めて日本の全盛期は続きます。一時期、日本一イコール世界一という時代が永く続いたのでした。その中でも抜群の成績を誇るのが、世界選手権での金メダル獲得数12個を数える荻村伊智朗さんでした。その荻村さんが徹底していたのが、基礎体力トレーニングだったのです。この方針は、合理的なトレーニングを好む海外での指導においても同様だったそうです。

1964年東京オリンピックから2016年リオデジャネイロオリンピックまでの12大会において、日本の柔道が獲得した金メダル数は39個でした。一方、柔道以外が獲得した金メダルの総数は79個です。つまり、12大会で日本が獲得した金メダル総数の33％を柔道が獲得してきたのでした。まさに、「日本柔道ここにあり」です。その中で全日本柔道連盟会長、日本オリンピック委員会会長の山下泰裕さんは、その戦績と立ち居振る舞いから別格の存在として世界中の柔道家から尊敬されています。その山下さんも恩師の教えを忠実に守り、中学時代から具体的な目標設定をし、将来を見据えて世界で一番になるためのトレーニングを一心不乱に実践してきました。その結果、山下さんは、無差別級という体重制限のない階級で、生涯一度も外国人に負けることがなかったのでした。

同じく格闘技では、レスリングもまたお家芸と言われてきました。2004年アテネオリンピックから正式競技種目になった女子レスリングの活躍で、最近は「レスリング＝女子が強い」とイメージする方々もいるでしょうが、1952年のヘルシンキオリンピック以来、16大会連続でメダルを取り続けている唯一の競技・種目が男子レスリングなのです。圧巻だったのは、1964年東京オリンピックで5つの金メダルを獲得し、レスリング大国日本を世界中に轟かせたときでした。それを支えていたのが、日本レスリングの父、八田一朗さんでした。「八田イズム」のもと、当時としてはユニークなトレーニングを数多く生み出しました。日本代表チームによる上野動物園でのライオンとのにらめっこ、夜中に突然寝ている選手達を叩き起こしてのトレーニング、選手にマスクをつけさせ酸欠状態での疑似高地トレーニングなど、スパルタと言われるほどのハードトレーニングに加え、創造力を駆使した数々のトレーニングを考案し、実践していました。

この他、1928年アムステルダムオリンピックにおいて、日本人史上初の金メダリストになった三段跳びの織田幹雄さん。後世に残した言葉は「強い者は美しい」でした。この言葉に秘められた、日々のトレーニングにおいて鍛え抜いた中で臨んだオリンピックであったからこその名言だったのではないでしょうか。三段跳びでは、その後も日本がオリンピックで3連覇を達成しました。「フジヤマのトビウオ」と言われた古橋廣之進さんを筆頭に多くのオリンピックチャンピオンや世界チャンピオンを出した競泳、その他、オリンピック2連覇を達成したウエイトリフティングの三宅義信さんなど、多くの競技で世界を席巻しました。

ただ、これらの競技はすべて個人競技・種目でした。唯一、チーム競技の中で世界一に輝いたのはバレーボールだけでした。東洋の魔女と恐れられ強さを発揮し、みごとに自国開催の東京オリンピックで金メダルを獲得した女子バレーボール。1972年のミュンヘンオリンピックでは、男子バレーが悲願の金メダルを獲得しました。この男子初の金メダルを獲得したチームを率いた監督が、松平康隆さんです。彼の創造と思考の繰り返しが、奇想天外のトレーニングを生み出し、選手を徹底的に鍛え上げ、さらにはフライング・レシーブ、時間差攻撃を編み出し世界を驚かせ、誰もが無理だと思っていたバレーボール男子で金メダルの獲得につながりました。ただ、個人競技同様に、世界と対等に戦い勝つためには想像を絶するようなハードトレーニングが必要でした。当初、考案したフライング・レシーブを習得するために、何人もがコートに顎を叩きつけ割ったそうです。

こうして振り返ってみると、日本はオリンピックの個人競技において、多くの金メダルを獲得しています。そこには、過酷で緻密なハードトレーニングと、創造力に飛んだ技を開発した先人の執念と思考の連続があったことが理解できます。さらに、唯一のチーム競技において金メダルを獲得したバレーボールも、同様に類い稀な先人たちによる過酷とも言えるハードトレーニングと創意工夫があったのです。

第2章

「覚悟」

——世界と戦うためにすべてを捨てる勇気

挫折と屈辱の先にある未来

中田久美さんとゆっくり話をしたのは、2017年に彼女が全日本女子の監督になった頃でした。当時、その重い任に着いたばかりの彼女は、オーラというよりも悲壮感が漂っていたように感じました。ただ、パフォーマンスをどのようにして上げていくべきかという話をはじめたときは、目の輝きが違った印象を強くもっています。

国立スポーツ科学センターは、スポーツ科学、医学、情報面からアスリートやチームを支援していく機関です。中でも科学部門は、科学的測定を基本としており、さまざまな手法を用いて測定を行い、アスリートやチームの現状を把握することを得意としています。

私はそのことを彼女に伝え、自分の専門であるレスリングにおける、これまでの利用方法などについて詳細に説明をしました。そして最後に、「ただ、一番重要なのは、中田さんがどういうパフォーマンスを日本代表チームで目指しているのかが明確でないと、こちら側は何を測定してよいのかが不明瞭になります」と伝えたのでした。彼女は大きく深く頷き、じっと一点を見つめて考えていました。

そのときはわかりませんでしたが、彼女がハイパフォーマンススポーツに戻ってくることができたのは、とてつもない覚悟を決めたイタリアでの出来事があったからだったのです。中田さんはこのとき、遠い過去の苦く貴重な経験を思い出していたのではないでしょうか。

二回目は対談というかたちでしたが、事前の打ち合わせを含めて中田さんが住む長野でじっくりとお話を聞くことができました。表層的に語られる中田さんとは違い、内に秘めたこれまでの想いを一つひとつページを捲《めく》るように話をしてくれたのが印象的でした。

中でも特に印象的だったのは、引退後に華やかな芸能界という世界に一時、身を置いていた中田さんが、自分の覚悟を試すためにイタリアのプロリーグセリエAに渡ったということを聞いたときでした。言葉ができないだけでなく、彼女がこれまで培ってきたプライドをズタズタにされ、すべてを否定されたような日々の中で屈辱を味わい絶望の中で考え続けた日々。

そんな日々が続く中で「イタリア人になる」と決め、1年で逃げ出すことなく2年間を過ごし、「選手やコーチたちにもっといて欲しい」と言わせるまでになったことで、また日本でコーチに戻る決心をしたのでした。

このイタリアでの覚悟を決めた生活において、彼女は新たなレジリエンス（持続力・耐久力）を身につけていったのではないでしょうか。

さらに、中田さんの「覚悟」からは、多くの人が新たな視点を学ぶことができると思います。また、天才と言われたセッターが、監督というある意味、全く違う役割についていくさまは一社員から管理職になっていくすべての社会人にも共通のヒントがあるのではないでしょうか。

対談では、挫折と屈辱を乗り越え大きな目標に向かう覚悟について、じっくりと聞きました。

Interview

覚悟をためす

見るから観察へ

矛盾の探求

全日本女子バレーボール監督

中田 久美 Nakada Kumi

史上最年少の15歳1ヵ月で全日本代表に選出。ロサンゼルス五輪では銅メダルを獲得。ソウル、バルセロナと3度の五輪に出場し、13年間に渡り全日本チームの司令塔として活躍。引退後は、解説者・スポーツコメンテーターとして活動していたが、一念発起し、2008-09シーズン、イタリア1部リーグセリエA「ヴィチェンツァ」で日本人女子として初めて海外チームの指導者に就任。同リーグ「ノヴァラ」のアシスタントコーチを経て、2012年より、Vプレミアリーグ「久光製薬スプリングス」の監督に就任。1年目から女子チームで初となる5冠を達成した。その後も数々の栄冠を手にし、2017年5月、全日本女子バレーボール監督に就任（女性史上2人目）。

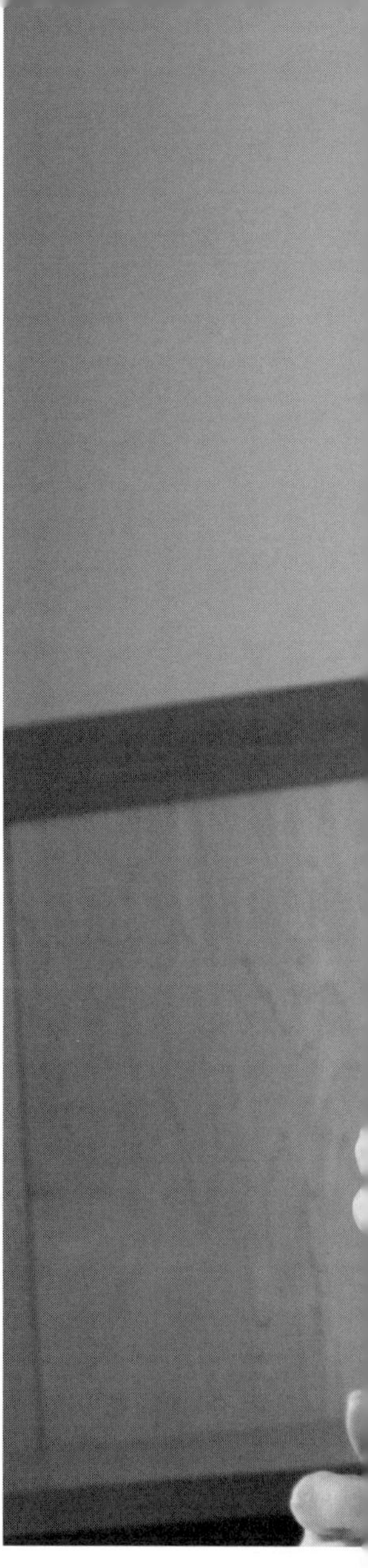

ゼロからのスタート

久木留　中田さんは２００９年からイタリアに行き、その後全日本ユースチーム（18歳以下）のコーチを経て久光製薬に入り、コーチや監督としてすばらしい成績をあげて全日本の監督になりましたよね。その中で、全日本監督のポジションを任されたとき、国内や海外の状況は今と比べてどうだったのでしょうか。

中田　私が全日本の監督に就任したとき、国内の状況は東京オリンピックに向けて季節が変わる、ちょうど切替えの時期でした。ロンドン五輪（２０１２年）とリオ五輪（２０１６年）が終わって、木村（沙織）[1]や竹下（佳江）[2]が引退したことを含め選手は世代交代の時期にありました。

一方、協会も監督だけでなく、会長も強化委員長も交代となり、私が入ってきたときはチームのことがわかる人たちが不在でした。本当にいろいろなことがある中で、私自身も全日本の監督経験はなく、誰に何を聞いていいのかさっぱりわからなかったんですね。それで、久木留さんにもデータがないかとか、データを蓄積するにはどうしたらいいかなどを聞いていましたよね。長い歴史のある競技団体でありながら、データが受け継がれていないということへの驚きが私の中ではありました。本当にゼロからのスタートでした。

注1
17歳で全日本代表に初招集。アタッカーとしてアテネ五輪出場、大きく貢献した。女子バレーでは最多の４大会連続で五輪出場。

注2
１９９６年ＮＥＣレッドロケッツに入団。１９９７年に全日本デビュー。シドニー五輪出場を逃し一度は引退。復帰後、全日本主将も務め、五輪３大会出場。

危機感——世界は変化し続けている　外の世界から見たバレー

久木留　中田さんご自身のバレーの歴史には、四つの局面があるように思います。現役時代の27歳まで、その後の解説などの仕事をして外からバレーを見ていた時期、復帰を決めようと思ってイタリアに行った時期、そして久光製薬スプリングスのコーチ、監督、総監督、全日本の代表監督という現在。その中でそれぞれの立場でバレーを見てきたわけですが、外から見ていたときにはデータの蓄積がないなど、いろいろなことを考えていましたか。

中田　私は、外から見ていたときも、日本が進化しているとは全く思わなかったですね。バレーボール自体も、協会自体も常に現状維持、あるいは世界がどんどん変化していく中、どこか日本が取り残されているイメージしかありませんでした。でもそれは、現役時代のときからずっと同じように危機感を持ってきました。

バルセロナ五輪（1992年）のときに、キューバは、8年間ほとんど同じメンバーで衣食住を共にし、海外遠征や試合を重ねてオリンピックに向けた強化をしていました。そういう中で私たちは、オリンピックイヤーの5月の黒鷲旗全日本男女選抜バレーボール大会[3]までやって、2～3カ月後にはもうオリンピックの本番を迎えるという強化の仕方がずっと続きました。

注3　毎年5月に大阪府で行われる。主催は、日本バレーボール協会・毎日新聞社。

ロサンゼルス五輪（1984年）のときは、日立とか各企業チームが中心となって、四六時中、広瀬美代子[4]さんや三屋裕子[5]さんとかと一緒に、時どきに日立と全日本のユニフォームを着替えるだけで、リーグ中も仮想の対中国とかいう強化をずっとしていてオリンピックでメダルを獲りました。それでも、銅メダルで失敗ですよね。そこから、選抜方式に変わり、各企業の選手が集まって同じサイクルで国内リーグを戦い、夏場に全日本の強化をし、また解散という強化をソウル五輪（1988年）に向けて取り組み、4位でメダルを失いました。本当はそこから変わらなければいけなかったと私は思うのです。

一方、キューバは8年がかりの強化をしていたし、ブラジルもだんだん強くなってきて世界の上位国にも変化が出てきていました。だから私はその辺からずっと危機感を持ってきました。バルセロナ五輪のときも、自分の中でこれが最後のオリンピックになるだろうと思っていながらも、協会や監督にも、「せめて黒鷲旗だけは辞退させてほしい。国内リーグが終わったらすぐ五輪に向けた強化をはじめるべきではないか」とお伝えしたのですが、結局それは通りませんでした。世界は8年間をかけてチームづくりをしているのに、私たちは2カ月でどうやって金メダルを獲れというのかというところで、メダルを獲る難しさというのを戦う前からなんとなく感じていました。

それから、解説をする立場になり、データバレーなどがどんどん入ってくる中で、今度は、戦っている選手の質がどんどん下がっていき、人間性もどんどん変わってしまってき

注4
1977年、日本リーグのユニチカに入社。ロサンゼルス五輪銅メダリスト。1981年ワールドカップでは銀メダル獲得に大きく貢献した。

注5
1981年、日立女子バレーボール部に入部。1983年アジア選手権で優勝。ロサンゼルス五輪銅メダリスト。現在は、日本バレーボール協会理事。

ていることに、寂しさと、危機感と、怒りと、いろいろな思いが自分の中にありましたね。世界に勝つということはそういうことではないのではないかという気持ちでしたね。そんな簡単なことではないし、でも、もちろん自分が現役の頃とは今の社会の流れもだいぶ変わってきて人も変わってきているし、その中でのバレーボールのあり方というのはこれがベストなのかと自問自答していました。認めてあげないといけないという部分もあるけど、それでも、もっとできることがあるのではないかなという思いの中で解説をしていました。

原点回帰――すべてを捨てる勇気　イタリアへ

久木留　中田さんのこれまでの雑誌などでの対談の中で、私が特に印象に残ったのは、15歳で「覚悟を決めた」という言葉でした。そこから全日本の13年間、日立の17年間、ずっと金メダルしかないという覚悟で取り組んできた。その人が引退するっていうのはすごいことだと思います。そして、普通はオリンピックに出るだけでもすごいことなのに、メダルを獲れなかったら「失敗」とおっしゃっていましたよね。そんな挫折を感じた人が、バレーボールから離れて10年間違う世界にいって、もう一度戻れるものなのかなと思いました。

中田　これは、私の中ですごく勇気のいることだったんですよ。本当に自分が今まで15歳からやってきたものを捨てる覚悟だったので、やはりプライドも何もない中でやらなければいけないなという思いでした。だからこそ、やはり自分と対面する時間が必要だなと思って、本当の覚悟を確かめるためにはここにいてはダメだなと、イタリアに行くことにしたのです。

久木留　中田さんのイタリアでの2年間は、実はそこまで詳しく書かれたものがほとんどありませんね。そんな中でも、「屈辱の日々」と書かれているのを拝見したことがあります。これは何が一番屈辱だったのですか。

中田　イタリアの文化にびっくりしました。人はよいですが、あのルーズさにすごくストレスを感じましたね。それに、結局イタリアはプロリーグなので、そのときにできるかできないかで評価される世界だから、育てるという感覚は全くありません。だから、私のことも無償（無給）だけど、戦力として考えてくれて、叱られたり、無視されたり、嫌がらせをされたりしました。そんな中で、日本人の感覚とは違う自己主張や自分のアピールが半端ないんですが、これが外国人なのだ、プロなのだ、世界はこうなのだと痛感しました。

それで、私は「イタリア人になる！」と決めました。でも、そう考えられるようになったのは、ある程度、言葉が話せたり、理解できるようになってからですね。1年目は、イタリア語はもう雑音にしか聞こえなくて、頭痛がして、しょっちゅう友人に文句の電話をかけていました。

久木留 なるほど。普通、一般の学生が留学して、そういう境遇に遭うとみんな帰ってくるんです。もしくは、日本人ばかりで集まったりするんですよ。でも、中田さんは、そうではないじゃないですか。それを2年間もやり続けることができたのはなぜですか。

中田 自分の中で自分の覚悟を試していたからですね。あとは、バレーボールを通しての日々ですから、ヨーロッパの育成システムはどうなっているのかとか、これを日本で活かせるのか活かせないのかとか、データバレーはイタリア発祥なので、イタリア人がどういう活用方法をしているのかとか、選手の意識とか、あらゆることを全部自分の力に変え、それを日本のバレーに活かしたいという目的があったからだと思います。完全に置かれた環境を客観視していたので、いいとも思わないし悪いとも思わなかったですね。もう、無視されても大した問題ではないと割り切りもできてくるんですよね。

でも、なぜそんなに屈辱的というか辛かったかというと、一番大きかったのは選手ではなかったことですよね。選手だったらもっとできるし、説得もできるし、認めてもらえたと思うのですが、やはりみんな最初、私が誰なのかもわからないし、調べて「あれ?」とか気づくような感じだったから、選手だったらすごく楽しかっただろうなと思います。

私自身、コーチングが初めてだったというのも大きかったです。選手のときとは、分析の仕方も視点も全く違いました。こんなことまで分析しないと選手はわからないのかという、そういういけない感じでしたね。セッター用語なんて、英語ではなくてイタリア語で全く違うのです。だから、そういうイタリア語を交えながらオランダ人のセッターに戦術を教えるのはすごく難しいですよね。絵を描いたり、図を描いたり、自分でやってみたりいろいろしていました。私がいたのは、各国のトップ選手たちが集まっていたチームだったのですが、結局最後は、選手たちから「帰らないでくれ」と言われるまでになりました。

久木留　今、監督になられてイタリアでの経験は、いろいろなことを決断するとき、たとえばスタッフや選手の選考などにも活きていますか。

中田　はい。活きています。あの2年間がすべてだと思います。どれだけ叩かれても、あのときの辛さはやはり自分の頑張るエネルギーになっていることは間違いないですね。

情報過多――情報を削ぎ落とす　データバレーからの脱却

久木留　中田さんは、ロサンゼルス五輪(1984年)で銅メダルを獲得して、次のソウル五輪(1988年)に向かうときにケガをしましたよね。

中田　その時代は前十字靭帯を切った選手が代表に復帰する前例がありませんでした。もちろん主治医の先生からも無理だと言われていました。でも、私はなんでそんなことを先生に決められなきゃいけないのという気持ちでしたね。私は努力せずに諦めるのが嫌いで、そのときはすごく辛くて葛藤もあるのですが、やってやれないことはないのではないかなと思っていました。

久木留　選手として、ケガをする前と後で何か変わったことなどはありますか。

中田　やはりバレーボールに対しての考え方が変わりました。体が動かない中で動かすためにはどうしたらいいのかとか、これまでとは違う考えを自分の頭の中で持つようになりましたね。無意識の中でできる感覚と、自分の頭で考えて整理をして、指示を出して体を動かすまでの感覚の違いですかね。試合の中での相手の動きや試合そのものの流れに対する自分の見方なのでしょうか。目で相手や味方の動きを見ることが多くなりましたね。体が動かなくなった分だけ、自分の中では情報がすごく大事になってきました。それまではどちらかというと自分の感覚でネットの向こうの相手を動かすことができていましたが、体が動かなくなったことによって、相手の状況の逆を今度は考えるようになりました。それによりトスに多分、溜めができたのです。以前は無意識のうちに相手を動かすことで、相手が自分の思うように判断してくれるというその違いがあります。だから今度は、それを両方使い分けることができるようになりました。

久木留　よくパフォーマンスの向上には、量から質に変わるときが大切だと言われますよね。もちろん、質も大切ですが、量をやらないと質の本当の大切さはわからない。だから、質を上げるためには、絶対的な量がいるのだと思うんです。でも、これはやった人しかわからないですよね。さらに、量から質へ転換するときというのは、自分の感覚の中でしかわからないでしょう。そういう意味では怪我をしたことで、これまで量をこなして培ってきた五感をさらに使うようになった。研ぎ澄まされた五感をフル活用して情報を入れなければならなくなった。つまり、感覚を言語化するのと同じように、自分の中で新たな領域に踏み込んでいったのでしょうね。

中田　そうですね。ケガをしたことで、これまでのやっていたことをすべて変えたのではなかったと思います。チェンジではなくアレンジなのかもしれないですね。それは、違う質を増やして量を落とさないという感じです。

久木留　おもしろいですね。この感覚の有無はなかなかわからないですよね。選手たちは教えてわかるものですか。

中田　わからないですね。でもそれをなんとか言葉にして、本当にデータを映像などを使って見える化をするなど丁寧に伝えていきたいなと思いますし、それが一番おもしろいところだと感じています。

久木留　監督になられて、やりたいことを具現化していくときに、データを使って可視化をするなど、さまざまな試みをされていますが、それだけでは簡単に自信というのはつかないですよね。選手に自信をつけさせるという点ではどのように指導されていますか。

中田　人それぞれですが、やはり小さな成功を体験させることなのだと思います。だから、それを言葉にしたり、確認をして、できる限り対話をするように心がけて一方通行にならなないようにしています。なぜよかったのか、ダメだったのか、なぜさっきできたのに、次はできなかったのかなど、原因は何かをなるべく選手に考えてもらうようにしています。それと、どんな小さなことでも絶対に褒めます。私は、怒られても萎縮することがなくエネルギーに変えることができましたが、今の選手たちはそうではなくて、私を怖いというわけではないですが、特別な目で見ているような感じがするのです。あまり距離を空けすぎてもだめだし、あまり近すぎるとまた難しいので、そこの距離感は常に考えています。あとはもう信頼関係じゃないですかね。

久木留 信頼関係を得るときに、中田さんの言葉で「指導者は引き出しがたくさんあった方がよい」というのがありますよね。この引き出しの多さというのは、いつ頃から考えはじめたのですか。

中田 それは、まだ現役のときからですね。たぶんオリンピックのときもそうですが、場面、場面ではあまり頭で考えていないのです。たとえば、目の前で映像が動いているじゃないですか。それに対して直に体が反応していかないとタイミングが遅れてもう終わってしまうわけです。どの場面で、どこを見て、どの引き出しを出すかは、そのスピード感が大事なのだろうなと思います。でも、普段の練習から意識しなければ、引き出しは作れませんよね。

久木留 練習のときは、意識しながら新しいものをどんどん蓄積しているのですね。

中田　そうですね。でも、あまり情報過多になるといらない引き出しまで増えてしまうので、今はなるべくそこは余分なものを本当に削いでいってあげないと、たぶん選手が何をやっているのかわからなくなってしまうだろうなと思います。

久木留　今はあまりに情報が入りすぎていて、特にバレーボールの場合、データバレーと言われてどんどんデータを蓄積して活用していますよね。あれだけのデータをどうやって捨てているのかと思っていました。

中田　そうなんですよ。本当に怖いです。逆に、データどおりに動けとなってしまうと考えなくなるのです。

久木留　ラグビーの神戸製鋼に中山光行さんという伝説のアナリストと言われた、故平尾誠二[6]さんのブレーンがいました。神戸製鋼の七連覇を支えた影の立役者です。八連覇がかかったシーズンに、選手全員が試合の大切な場面になると「どうしたらよいのだ」と、中山さんの方を見るようになったそうです。その瞬間、中山さんは今年、このチームは勝てないと思ったそうです。つまり、データに頼り、情報に頼り、チームが自分たちでは考えられなくなっていたのでしょう。

中田　本当に怖いですね。逆に強豪国は、たぶんそれでいいのだと思うのです。そうじゃないと、チームがぐちゃぐちゃになると思いますね。自分が自分がという世界なので、私のところになぜボールをあげてこないのだとか、私は疲れているから今日は練習しないと

注6
1963年—2016年。日本の元日本のラグビー選手。日本代表選手であったほか、日本代表監督、神戸製鋼コベルコスティーラーズ総監督兼任ゼネラルマネージャーなどを歴任。「ミスター・ラグビー」と呼ばれた。

か、そういうところがとてもはっきりしているじゃないですか。だから、ある程度ルール化しないと逆にぐちゃぐちゃになっちゃうだろうなと思います。

久木留　そういう点では、日本は日本のバレーをやっていかないといけなくて、そのときに一人ひとりがきちんと考えられるようにしていかないとだめなのですね。

中田　そこは世界と戦ってみてみると、絶対に日本の武器になるはずです。日本の強みの部分だと思います。外国ができていることを日本が真似をしても所詮は外国ができているところなので、同じことをしても勝てません。独自の何か、強化システムや戦術もそうですし、世界基準を上回るか、外れるかのどちらかで勝負する必要があると思います。

暗黙知を形式知へ――言語化の難しさ、そして東京大学へ

久木留　久光製薬に入ったときに、中田さんは選手のマインドセットを変えることが必要だと感じたとおっしゃっていましたが、それはなぜですか。

中田　久光製薬を外から見ていたときに、茶髪が多く、決勝まで行くのに最後で勝てないなど、あまりいいイメージを持っていませんでした。でもこれが上位にいくチームの質なのだと考えたときに、ちょっと違うかなとか物足りなさを感じて…。自由と個性を履き違えているのではないかとも思っていました。ところが、実際に中に入ると、みんなすごく

真面目な人たちで驚きました。これは、この選手たちにしっかりと目的を持たせ、バレーボールをなぜやるのかということを考えさせれば、もっと違った視点でバレーボールが楽しめるのではないかと考えました。

久木留　この当時の中田さんのエピソードで特におもしろいと感じたのは、選手の私生活で部屋や寮の掃除をさせたという話です。

中田　選手がだらしなくて驚いたのです。自分のものはとても大切にしているのです。しかし、他人のものや先輩が辞めて置いていったものに関してはあまり興味を持たないし、そこに置きっぱなしでもあまり不思議に思っていませんでした。これは、バレーボールへの取り組み方にもつながっているのではないかなと感じました。自分さえ居心地がよければいいという考えは、ちょっと違うのではないかなと思ったのです。それで、一度マネージャーを通して掃除をした方がいいのでは？　と言ったけどやらなかったので、全員を集めて「片付けろ！」と言ったらみんな片づけました。

やればできるじゃないと少し褒めました(笑)。でも、そこからチームのために自分が何をしなければならないかを考えるようになり、チームカラーがどんどん変わっていきました。バレーボールでも最初に、「久光は絶対優勝する」と言ったら、みんなポカーンとして、「この人、何を言っているの？」という感じでした。しかし、少しずつ結果を出していき、自分のイメージどおりにいくと、選手はどんどん変わっていきました。

久木留　その中で、私がキーワードだなと思ったのは「観察」です。中田さんはずっと選手の行動を、コートと私生活を通して程よい距離感の中でずっと見ていますよね。これは意識して見ていたということですね。

中田　久光製薬での1年目はコーチとして入りましたが、選手と一言も話していないのです。セッターは教えていましたけど、リーグもベンチに座っていないですし、コート外から数字を見てマイクでコーチ陣に伝えたりしながらずっと1年間観察をしていました。私は、寮に一緒に泊まっていたので、掃除のことはやらせなければいけないと思ってやるように言いましたが、戦術的なこととか選手を集めて何かを言ったのは1回だけですね。あとは選手の話をずっと聞いていました。我慢はいりましたけど、今の選手たちのことが全然わからなかったので、どういう人たちなのだろうと「人」を見ていました。私たちが選手だった時代とは全然違うのだろうと思いましたし、やはり10年間バレーボールから離れてみて気づくことも多かったですね。現役引退後すぐだったらキレて、すぐに現役復帰していたと思います(笑)。

久木留　そういう中で、チーム、組織として物事を考えていくとき、組織論というのがあると思うんです。組織論では、理念やビジョン、ミッション、バリュー、戦略、戦術などの重要性が示されていますよね。中田さんの本や記事を読み、動画を観ながら思ったのは、監督になったときに決して役立つ組織論を誰かから教わったわけではない。けれど、自分の中に確固たる理念というか、「日本のバレーボールはこうあるべき」というのを持っている方なのだと思えたのですが、どうですか。

中田　ちょっと言葉にしようとすると難しいですがありますね。自分でもそこは相当考えているんですが、まだ、それを私は文字にできていないのだと思います。言語化して文字化するところが今、自分に足りないところです。積極的にトライはしていますが、なかなか難しく、やはり訓練が必要だと思っています。だから、東京大学のエグゼクティブ・マネジメント・プログラム(東大EMP)に通いはじめました。

東大のいろいろな先生のお話を聞いています。東大EMPを立ち上げた横山禎徳先生が、日本には天才がいっぱいいるけれども、天才を見つける人、活かせる人がいないと言うのです。それはすごくおもしろい考えだなと思いました。それに、「日本はiPhoneだって作れる技術はあるのに発想がない。PDCAだと言うけれど、Pが間違っていたらいくら回していても問題解決にはならないよ。つまり課題設定が間違っている」と言っていました。その話を聞いて、課題設定の発想がたぶんアイデアだと思うのですが、そこを考えることができるリーダーがこれからは重要ではないかと思いました。

何十人もの東大の先生たちの話を聞くのですが、そこで研究されている専門的な話はわからないのですが、だいたい共通していることがあって、それは何かというとあまり周りのことに興味がないし、人からどう思われていようが関係ないということです(笑)。自分の専門の研究にはものすごいエネルギーを燃やしていてパワーポイントとか使って話をするのですが、周りの人には全く興味がなくて、どう思われても気にしていないですね。だからなんで東大の横のつながりがないのだろうと思いました。そこのつながりができればもっとすごいことができるのではないかと思うのですが、そこには教授たちの興味がないわけです。

だから、今の私に必要なのはバレーボール界という小さい世界、コミュニティの中で考えるのではなく、もっといろいろな分野の専門家の話を聞くことです。すごく自身がフラットになれるというか、そこがおもしろいですね。そうでないと、私が変なことを言っているのかなとか、自分が間違っているのかなとか、自分を見失ってしまいそうになります。それに、選手たちにこれで本当にためになっていることを指導できているのかどうかがわからなくなってきてしまうのですよね。だから2018年11月から東大EMPに行くようになりました。東京五輪が終わってもこれは続けます。

矛盾の追求――実践したいパフォーマンスを明らかにする

久木留　個人競技で勝っていく人たちというのは、自分がとにかく強くならなければと思う人が多いです。でも、本当に世界で勝っていくチームというのは、強い個人が何人いるかで決まっていくと思うのです。だから、チーム競技でも、結局、個が強くないとダメなのではないかと思いますがどうでしょうか。

中田　答えになるかどうかはわかりませんが、結局チームゲームは矛盾を追求していくことなのだと思います。たとえば、女子バレーはラリーを制することが重要だと言われます。粘って粘って、最後は粘りで勝っていくと言われています。でも、強化していることは、なるべくハイブリッドで、いかに体力を消耗せずに省エネで点数を取るかということを追求していかなければいけないと思います。そこの矛盾点というかギャップというか、その二極面を選手たちにどのように伝えていくのか、というところが大きなキーワードになっています。もちろん個の力も技術的なところも上げていくことも重要です。ただ、個の力を上げると同時に、阿吽の呼吸や力の分散をどのように保っていくのかなども必要です。全員で一つのボールを追っているけれど、それぞれ全く違う無駄のない動きをしているとか、言葉ではうまく説明できない部分です。

久木留　要は、個人も突き抜けなければならないけど、チームとしての調和も必要ということですね。

中田　はい。そうです。たとえば、ブロックアウトという一つの技術の中で、個人の技術も大事ですが、結局セッターのトスしだいでほとんどが決まります。だから、セッターの技術も究極でないといけないし、そのセッターのベストな状態であげられるパスをみんながどこまで理解しているのかなども考えるわけです。加えて、相手のサーブに対してどこまでセッターに返せる技術が必要なのかなど、すべてのことが連携しているけれど、動きは全くバラバラという感じです。一つのボールに2人も3人もかかっていたら、それはすごく無駄な動きになるのできれいに力を分散しなければなりません。

つまり、野球でも4番バッターだけでは勝てないし、どの競技でもベテランだけでも勝てないし、若手だけでも勝てません。では、数字のよい順番から選べばうまくいくかというとそうでもないのです。数字には出てこないところがすごく重要だったりもします。初めから、私はあまり数字というのは信用していないので…。結局、最後は数字には出てこないところでどれだけチームに貢献しているかというところが重要になってくると思います。ただ、オリンピックの代表選手選考とかになると、対メディアや対企業の監督などに説明しなければならないときに数字で表せない部分の難しさは毎回ありますね。そこの明確な基準がないだけに、判断できないからこそ選びやすいというのもありますが、ただ今回は特別なオリンピックなので、何かもう一つうまく説明できるものを持っていた方がいいのかなとも思って探していますね。でも、データを超えて、やはり「やる気」や「自分が」とか、そういう選手でないといくら数字だけが良くてもだめだと思います。そこは非常に難しいところだと思いますね。

久木留　そういう中で、監督としてチームを作るときに、コーチの他にも、分析、トレーニング、ケアなどの専門家を集めますが、選ぶときの基準はありますか。

中田　やはり私がやりたいバレーボールを理解してくれているスタッフが一番だと思います。イエスマンは全然いらないですが、私たちがしっかりとした統一性がないと選手が迷ってしまいます。監督によってバレーボールが全然違うので、そこは大事にしたいポイントです。

日本のスポーツが変わる大きな分岐点——東京大会は特別な機会

久木留　これまで、中田さんは選手として長い期間、世界のトップレベルでバレーをやってきて、引退して一度離れて、そこからまた覚悟を決めてこの場に戻ってきました。心が折れそうになることはないですか。

中田　毎日折れています（笑）。

久木留　その中でなぜやり続けられるのですか。

中田　これが東京オリンピックではなかったらやらなかったかと言われれば、そうではないと思っています。ただ、東京オリンピックは特別な大会だと思っています。日本のスポーツ界にとって大きな分岐点になると思いますし、逆にスポーツが変わるチャンスだと考えています。だからこそ、バレーボールという競技を通じてですが、さまざまなかたちでの情報発信など、世の中にいい影響をもたらすことも自分の役割なのではないかなと感じています。これは、競技種目に関係なく、現場に携わっている監督さんだとか本気の人がいるからだと思います。やれないことはないと思います。バレーボールは強化の布陣でもパワーがあるので、その人たちも巻き込んで、本当にオリンピックやパラリンピックが一体となって「One Team」で活動できるのがベストですね。

久木留　中田さんがおっしゃるとおり、東京大会は大きなターニングポイントです。私は日本のスポーツを変えるためには、競技団体が変わっていくことが必要だと思っています。競技団体が変われば統括団体も変わりますし、仕組みも変わります。中田さんにはその代表として期待しています。一方、これまでやってこられたビーチバレーでのゼネラルマネージャーや、Ball for All（実業団、ママさんバレー、シッティングバレー、デフバレー：聴覚障がい者バレー、ビーチバレー）の活動など、これが東京オリンピック・パラリンピック後にもいろいろなかたちでつながっていくのでしょうか。そして、どんどん新しいものにもチャレンジしていくという理解でよいですか。

中田　ちょっと休んでからでいいですかね（笑）。でも、もうやると決めています。私にとってバレーボール協会は大事な組織なので、しっかりとコミュニケーションをとって暴走しないように丁寧に進めていかなくてはならないと思っています。いろいろな外部の方々の協力を得ながら内部を変えていければと思います。そういう意味では、東大の先生方のアドバイスはすごくおもしろいので、まだまだ私がやれることの可能性はたくさんあるのかなと感じています。まずは、結果を出して勝たないと説得力がないので、東京オリンピックでしっかり結果が残せるようにしたいです。

久木留　今日はお忙しい中、時間を作っていただきありがとうございました。中田さんの集大成を楽しみにしています。

中田　私こそ、ありがとうございます。いろいろな意味で頭の中を整理できました。

「覚悟」を決めた三つのポイント

◉覚悟をためす

15歳で飛び込んだ勝負の世界は、生半可なものではなかったことが対談からあらためて明らかになりました。中田さんは言います。「金メダル以外は価値がないと腹を括りました」と、15歳のときにこれだけの覚悟を普通の人はもてません。

日々、挫折と屈辱を味わい高みを極めた中田さんだからこそ、自分がいなくなったあとの女子バレーボール界の行く末を案じていたのでしょう。世界は変化し続けている。日本の女子バレーボールは、これで大丈夫なのか。そんな思いを抱き続けていたのだと思います。

こうして、バレー界をなんとかしたいという想いが日々大きくなっていく中で、本気で覚悟を決めるためには、自分を見つめ直すための一定の日々が必要だったのです。そして、自分の覚悟が本物かどうかを試す必要があったのです。

プロフェッショナルリーグのイタリアへたった一人で乗り込み、過去の栄光を捨てコーチとして自分と向き合った2年間の日々は、屈辱の連続であり壮絶を極めました。これが自分の覚悟を試す期間であったのです。

◉見るから観察へ

コーチにとって対象である選手を見続けることは大切です。しかし、それ以上に重要なことは見るから観察へとレベルを上げていくことに中田さんは気づいていきます。観察のためには、より深く、長く対象となる選手やチームと徹底的に向き合うことが求められるのです。

現代社会において、情報が不可欠な要素であることは誰もが理解しています。それはバレーの世界も同様です。現代のバレーは、情報戦であることは間違いないのです。世界最先端をいくイタリアのデータバレーを直接体験した中田さんは、その中で情報を取り込むことよりもっと重要なことに気づくのです。それは余分な情報を捨てることです。情報過多の時代に情報を捨てる勇気が求められていることを実感するのです。

これはハイパフォーマンススポーツの世界だけでなく、どの分野、どの世界においても必要な要素です。現代社会では情報を収集することは容易です。しかし、その集めた情報から必要なものだけを選りすぐるためには、不必要なものを捨てる勇気が必要なのです。

そのことを理解しているから中田さんは、日々コートの内外でアスリートの観察を続けているのです。それがあるから、不必要な情報を捨てることができるのです。

◉矛盾の探求

個の力を上げていくことは重要です。これは中田さんも認めています。ただ、個の力を上げると同時に、チームとしての阿吽の呼吸や力の分散をどのように保っていくのかなども必要であることを説いています。まさに見えないものを見えるようにする作業です。

さらに、世界で勝つためには、強化システムや戦術など独自の何かで世界基準を上回るか外れるか、どちらかで勝負する必要があると言います。そして、分析の数字には出てこないところが最後に重要になることを最も理解している中田さんは、今も矛盾を探求し続けています。しかし、答えはすでに彼女の中にあるのです。

ただ、それはとてつもない経験によって得られた暗黙知です。誰もが理解できるように言語化することは最も困難でもあるのです。

言語化のためには、頭の中を整理し、言いたいことを論理的に組み立てることが求められます。中田さんは、この暗黙知を言語化して伝えるために日々努力しています。その一つがバレーとは全く関係のない、東京大学のエグゼクティブ・マネジメント・プログラム（東大EMP）での一流の学者たちからの学びなのでしょう。

〈対談を終えて〉

ハイパフォーマンススポーツという世界に15歳という若さで飛び込み、日々、世界で勝つための環境で育ち、一度は高みを極めた中田さんが、もう一度覚悟を決めるために選手としての栄光を捨て去り、単身イタリアに渡ってコーチとして屈辱と挫折の日々を乗り越えた経験は、私たちに覚悟とは並大抵のものではなく、すべてを捨てる勇気がないと持てないものであることを教えてくれます。

その中でチームが世界で勝つためには、中田さんと同じくらいの覚悟を選手たちに持たせる創意工夫が必要となるでしょう。そのことを誰よりも理解している中田さんは、コートの中だけでなく私生活も含めて選手たちの観察を続けています。

見るという表面的で単一的な行為から、表面から深層までを多面的に長い時間をかけて観察することで、選手本来のパフォーマンスに影響を及ぼすすべてを理解できるようになります。なぜ、そこにパスをするのか、なぜ、そこにアタックを打つのか、なぜ、重要な場面でミスをするのかなど、選手がパフォーマンスに至った経緯は観察によってのみ解き明かすことができるのです。

つまり、選手を理解するためには、「見る」から「観察」へコーチとしてのレベルを上げていくことが重要となるのです。そのうえで、観察を継続することが大切です。

選手だけでなく、コーチも日々学び続けなければなりません。そのことを中田さんは、誰よりも理解しているからこそ観察を続けるのだと思います。

勝てないチームを勝たせるためには、選手個人のマインドセットを変えることが重要となります。チームのために何ができるのか、自分はチームのために今、何をしなければならないかなど、わかっているようで簡単には理解できないことです。

中田さんは、バレーがうまくなることと一見関係ない寮の掃除を最初に徹底して指示を出したのも、実は強くなるうえで大切なポイントなのではないでしょうか。練習場が汚いのは話にもなりませんが、実は私生活を送る寮や部屋が汚いのも、世界を目指す妨げになる要因の一つだと思います。

誰かがやってくれるだろう、自分の部屋じゃないから、汚くても関係ないし、見なければいいだけだから、など言い訳は誰もがしますし、むしろ気にもしないものかもしれません。しかし、本当にそれでいいのでしょうか。自分たちが生活する場が汚くても、他人からどう見えていても本当に関係ないことなのでしょうか。

さらに、これは私生活だけのことなのでしょうか。コートの中でも起こっていて、パフォーマンスにも影響しているのではないでしょうか。自分くらいよいだろう、誰かが拾いに行ってくれるだろう、調子が悪くてもなんとかしてくれるよな、などなど。

つまり、日々の考え方がすべてプレーに現れるのです。このことをいち早く見抜いた中田さんは、寮の共有場の掃除を命じたのでした。一つずつきれいにしていけば、最後にはすべてきれいになる。やればできるじゃないか。そして、それは小さな成功体験になっていくのです。小さくても目に見えるかたちでの成功体験は、次へと必ずつながります。

私が国立スポーツ科学センターのセンター長になったときに、世界トップクラスの研究機関にしていくために最初に行ったのは、ＴＰＯ（時間、場所、場面）に合わせた服装への転換とミーティングや会議へのサンダル履きの禁止と部屋の掃除などを徹底することでした。そんなことか、と思う人もいるでしょう。しかし、これがとても大切なのです。

一人くらいよいだろう、自分だけならわからないだろう、これくらいなら……、どこかにそんな甘えがあるのです。中田さんの実施したことは、私にはよく理解できます。勝てるチームになるためのマインドセットは、実は日常に潜んでいるのです。

日本のトヨタは、５Sと言われる「整理、整頓、清掃、清潔、躾」をモットーにして世界一の自動車メーカーになりました。ここでは深くトヨタのシステムや戦略について触れませんが、なぜ、整理するのか、なぜ、整頓が必要なのか、なぜ、日々清掃が必要なのかなど、考えることはとても大切です。

世界で勝てるチームになるためには、日常を変えるためのマインドセットが必要なのです。

第3章

「決断」

――チームと組織の構築に必要な考え方

理想のチーム、組織の創り方

ハイパフォーマンススポーツの世界でも、「用意周到」という言葉が使われることがあります。目標とする世界一を決める大会に向けて、4年前からありとあらゆる情報を集めてチームを創り、戦略を立て、実行しては壊し、練り直して、着実に前に進めていきます。もちろん、その過程において、ありとあらゆる情報を集めて分析し、戦略に組み込むのです。そんなリーダーたちは、用意周到な準備が欠かせません。

岡田武史さんは用意周到なリーダーだと思います。勝利のためにありとあらゆる可能性を探り、徹底的にシミュレーションを繰り返したうえで、それでも納得できずに最後の一手を考えぬく勝負師です。

岡田さんと初めて会ったのは、2011年3月でした。当時、2012年ロンドンオリンピックに向けて、文部科学省は課題解決のための特別プロジェクトとしてタスクフォースを設置しました。その中でタスクフォース・ワーキングチームが組織され、文部科学省の参与でもあった岡田さんが、そのチームのリーダーとして陣頭指揮をとっていました。私は偶然にもそのチームの一員として岡田さんの部下になったのです。

当時の岡田さんは、2010年FIFAワールドカップにおいて、サッカー日本代表チームを自国開催以外で初めてベスト16に導いたことで、再び時の人でした。その中で、翌年に迫ったロンドンオリンピックでの日本選手団の活躍のためには、チームジャパンとしての強い団結が必要でした。それを実行させるためには、岡田さんが適任だと考えた文部科学副大臣の鈴木寛さんがタスクフォース・ワーキングチームのリーダーに抜擢したのです。

ただ、当時の岡田さんは、サッカー日本代表監督時代のギラギラした目の闘将とは違い、冷静で知的な雰囲気を醸し出す紳士でした。

岡田さんとは、その後も日本サッカー協会をはじめ、多くの場で仕事を通して教えを受けました。その中で、チームと組織をまとめるリーダーとはどうあるべきなのか、腹を括る瞬間とはどういうときなのか、夢を追い続けるとはどういう想いなのか、さらに、組織の中で生き抜くとはどういうことなのかなど、いろいろと聞く機会に恵まれました。

今回、岡田さんには、大きく二つの時期に分けて聞いていきたいと思います。

一つめは、理想のチームの追求です。それはサッカーにおける日本代表チームを通して挑戦していた時期です。

そして二つめは、理想の組織とシステム構築に向けた新たな挑戦についてです。具体的には岡田メソッドという育成システムの構築と、地域から日本を変える、日本から世界を変えるという取り組みについてです。

対談では、これら二つの時期を中心に岡田さんのチームと組織創りに関して本音を聞いていきました。

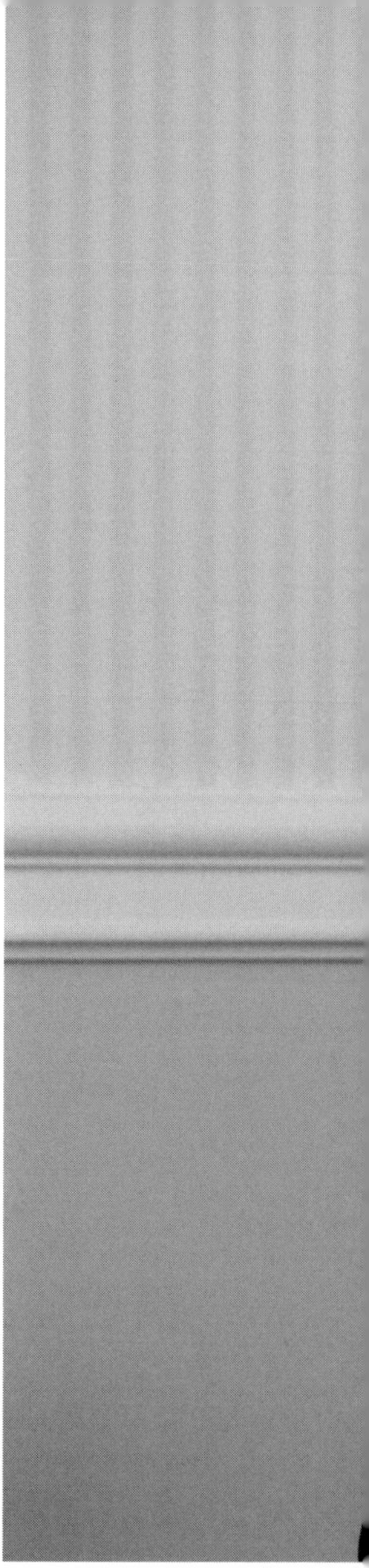

Interview

リーダーの役割

決断とリスク

情報の活用

株式会社今治．夢スポーツ　代表取締役会長(CEO)

岡田 武史 Okada Takeshi

大阪府立天王寺高等学校、早稲田大学でサッカー部に所属。同大学卒業後、古河電気工業に入社。古河電気工業サッカー部（ジェフユナイテッド千葉の前身）に入団し、ディフェンダーとして日本リーグで活躍、サッカー日本代表に選出。引退後は、クラブサッカーチームコーチを務め、1997年に日本代表監督となり史上初のW杯本選出場。その後、Ｊリーグ　コンサドーレ札幌、横浜F・マリノスでのチーム監督を経て、2007年から再び日本代表監督を務め、10年のW杯南アフリカ大会でチームをベスト16に導く。中国サッカー・スーパーリーグ、杭州緑城の監督を経て、2014年11月四国リーグＦＣ今治のオーナーに就任。

常に新しいチャレンジ
——日本代表～Jリーグ～日本代表～中国リーグ～今治FC

久木留　岡田さんの経歴を見ると、大きく二つのフェーズがあると思います。フェーズⅠは、ワールドカップの日本代表監督やJリーグの監督としてチームを強くし、理想形にしていくフェーズです。フェーズⅡは、その後、今治FCでされているような組織や地域を創るフェーズにあたります。今回は、その辺りを詳しく聞いていきたいと思っています。

まずは、中国の杭州緑城に行きましたよね。このとき、岡田さんの中では、やはりアジアを強くすることが日本の強化になるという思いがあったのですか。

岡田　今はサッカーではインターナショナルAマッチでしか代表チームを集められません。我々の頃は、国内組しかいなかったから国内で集めて調整できていました。ところが、これだけレギュラー選手のほとんどが欧州に行ってしまうと、この数日しか集められなくなってくるのです。その中で今、日本はインターナショナルAマッチデイの大半がアジア内の試合です。一方、ヨーロッパや南米はその大半を、強いもの同士ですごく強化しているわけです。やはり強いチームと試合をしないと強くなれないですから。そうすると、これからネーションズカップなどを作って、ヨーロッパはヨーロッパ同士で戦うとなってきた場合、日本はアジアでしのぎを削って上がっていかなければならなくなります。だから日本がいくらアジアでチャンピオンだと言っていても、ヨーロッパとの差はどんどん離れていきます。だからアジアは強くならなければならないのです。今は韓国と日本と中東の3カ国ぐらいだけで、そうするとあと可能性があるのは中国ぐらいだと思いました。それは本当に考えましたよね。中国を強くしないと、日本がアジアでナンバー1だと言っても、世界とどんどん離れていくなという危機感がありました。

でも、あの時期に中国のクラブチームの監督として行くのは、建前上はそうでも言わないと「非国民」と言われかねませんでしたね。でも正直に言うと、一番の動機は、中国で新しいチャレンジをしたかったのです。ただ、中国代表の指導経験がある井村さん(アーティスティックスイミング日本代表監督)にも「岡田さん苦労するよ」と言われました(笑)。しかし、Jリーグでも優勝し、ワールドカップも行き、J2で優勝してJ1に上げました。自分自身のモチベーションの中で新しいチャレンジがしたい気持ちがものすごくありました。

プロじゃないという言い方は変ですが、これだけお金をあげるからまたこのチームを優勝させてくれと言われても楽しくないわけですよ。こうやったらだいたいこうなるなとかが見えてしまって、だいたい自分が考えるパターンでやって、ある程度の選手がいたら成績は出ることはわかっていました。そうなると全然ワクワクしないのです。正直言うと、中国の中でも杭州緑城よりも、もっといいオファーはたくさん来ました。でも、最初に来たからどういうチームかよくわからなかったけれど、「よしここで新しいチャレンジをしよう」と決めたのです。そのときに、「なんやお前は日本を売るのか」と福田さん(日本レスリング協会会長)が叫んでいたというのを聞きましたけどね(笑)。

「I(アイ)」から「We」へ――方向性の共有がチームを強くする

久木留　今回、対談させていただいたみなさん全員が、海外長期滞在の経験があります。岡田さんの場合は、中学校のときにドイツに行きたかったけれど、それは説得されて日本に残り、早稲田大学を経て古河電工に行きましたよね。そして、古河電工で現役を引退する直前に、バイエルンミュンヘンが来日して試合をし、その差を身を持って感じ、到底勝てないと思ったそうですが、何がそこまで違ったのですか。

岡田　自分は当時34歳ぐらいでしたが、まだサッカーがうまくなると思っていました。もっとうまくなって、きっとドイツ人などのプロと対等にできるようになるのではないかと思っていたのです。ところが試合をしたら、トラップとかキックとか一つひとつがうまいとかいう要素で比べればそこまで差はないと感じたのですが、試合をしてトータルでみると次元が違ったのです。何が違うのかとははっきり言えませんが、絶対にこいつらになれないと思ったんですよ。それで、その瞬間から日本人がどうやって世界で勝てるのだろうかと考えはじめました。

久木留　なるほど。その後、引退してドイツへコーチ留学をしましたよね。

岡田　入社して1年目か2年目にブラジルに2～3カ月間、2人で選手留学をしました。その頃、古河電工は高卒と大卒に留学をさせていましたが、選手は多くても1回しか留学しません。ただ、私には2回目もいく機会が巡ってきたのです。その年に留学する高卒の選手は決まっていたけれど、大卒での適任者がいなかったから「お前、もう1回行くか」となって、2カ月半ロンドンのウエストハムに2回目の留学をしました。そして引退後にドイツに1年間行くことになったのです。

久木留　そのときに、技術と戦術について学ぶものはあまりないけれど、監督と選手の差がものすごくあることに気づかされたとありましたが、これはどういうことですか。

岡田　よくベースボールと野球は違うと言いますが、サッカーは一緒なのです。情報化社会だからドイツがどういう練習をしているのかなどは全部入ってくるのでわかります。ただ、監督は立場が違うことを痛感しました。当時、日本はキャンプで集合すると初日に監督主催の大宴会がはじまるのです。歌を歌い、仲良しだ、仲良しだ、とやってこれが和だと言うわけです。それで、ドイツに行ったら、もう監督の立場が全然違うわけですよ。監督の孤独さ、強さみたいなものを強く感じました。たとえば、当時、現役のブルガリア代表の選手がいて、そいつが思うような動きをしないから監督が「レチ、レチ」と練習中に言うわけです。それで、選手が怒ってボールをバーンと投げつけて、「なんで監督はオレのことばかり、レチ、レチと言うのだ」と言ったら、今度は監督が「全員集合。今から俺がいいと言うまでダッシュしろ」と言うのです。自分は「え、これ、俺が中学校の頃にやらされた光景だな」と驚きました。でもずっと誰も文句を言わずに走っているわけですよ。そのうちキャプテンが「レチ、おまえが謝ってこいよ」と言って、レチも謝りに行っていました。「他のやつは帰れ」と自分も帰らされたので、後がどうなったかわからないけれど、監督と二人で30分ぐらい残っていました。「なんなのだ、この古いのは」と思いましたね。

ところが、僕らが考えた仲良しと、チームの和は違うのだということをそこで強烈に教えられたんですよね。それで、監督が首になるときに、二人でご飯を食べに行ったときに言われたのは、「監督の仕事はハードワークするか、仕事がなくなるのかのどちらかだ。これは仕方がない。これがフットボールだ」。そう言って格好良く辞めて行ったんですよ。あまりに格好いいから自分も辞めるときには絶対これ言おうと思ったんですけどね(笑)。

でも、そのときに本当に監督というのは、「主語」で語れるものではないのだと理解しました。選手は、自分が上手くなりたい、自分が日本代表になりたい、自分がいいプレーをしたい、これでいいのです。でも監督は、自分がよい監督になりたい、自分が有名になりたいでは駄目なのですよ。主語が必ず「I」じゃなくて、チームや選手を指す「We」

とか「You」になっているのです。つまり、見ている方向が全く違います。

自分は、最初にコーチになって2年間で行き詰まってドイツに行きました。当時は、古河電工で、キャプテンで、自分が今日の相手はこうだからこうやっていくぞとかミーティングをしていました。それで、もう自分が牛耳っていると勘違いしていたのです。「もう監督情けないな。こういう練習をすればいいのに」とか思っていました。つまり、選手のころに思っていたことをすべてやろうとしたのです。選手の身になってとか、それを選手ファーストだと勘違いしていたのですね。そうしたらチームは全然駄目で、行き詰まってしまいました。そのときドイツに行ったのは、ある意味で逃げでした。サラリーマンなので、充電したいと言って給料をくれるところなんてなかったので、「1年間留学させてください。駄目なら辞めます」と言って…。優しい人事が、恐らく私が辞めないのはわかっていただろうけれど、それならば行ってこいと行かせてくれました。

そこで「そうか。選手がやってほしいことと、やらなければいけないことは、全然違うのだ」ということに気づいたのです。それは、選手ファーストではないのだということに気づきましたね。もう立場が違うということです。それまでは、好かれよう、好かれようとしていましたが、監督は全然好かれなくてもいいのですよ。でも尊敬されなければいけません。それまで日本はそんなに強い指導者がいなかったし、みんな和だとか言っていたので、ドイツで初めてそういうことを見て学びました。ここが、自分の指導者としての転換期です。

久木留　なるほど。先ほど、フェーズIの話をしましたが、岡田さんがチームを創るときに、目標設定、チームフィロソフィー、チームのコンセプト、そして強化のポイントということをやられていましたよね。フィロソフィーも、「Enjoy」からはじまって、「Our Team」「Your Best」「Communication」「Improve」「Concentration」と6つ設定して、コンセプトも全員攻撃、全員守備、ハードワークとしていました。今でこそ、ハードワークと言われますが、岡田さんが監督をした2010年ワールドカップでもGPSの利用により日本代表は、2番目に多くの距離を走ったチームという記録がありますね。これは実際にハードワークを行っていたことを物語っていますよね。それがすべてではないけれども、きちんとそうやってきたじゃないですか。これが組織だとよく、ビジョン、ミッション、バリューと言いますが、短期決戦だから、目標設定、チームフィロソフィー、チームコンセプトとおっしゃっていたのですか。

岡田　よく調べてるね(笑)。一番大事なのは、フィロソフィーであり、理念ですよね。それで、目標設定は、その次というか、実は、それを具体化するための方法なのです。代表チームを任されたのは、ワールドカップの2年前でした。今のチームでワールドカップを勝てるかと言えば、俺の決断は勝てないでした。だから勝つためには何をしなければならないのかと考えたわけです。まず、1対1のボール際で勝たなければならないから、そのためには体幹トレーニングをしてくれと言いました。そして、だいたい1人1試合で10キロメートル走るのですが、10人がそれよりも1キロメートルずつ多く走ったらフィールドで相手より1人多いのと一緒なのだから、それなら勝てるだろうということで、そのためのトレーニングをしてくれと言いました。さらに中距離パスの精度を上げるキックの練習も加えました。これを全部、自分の所属チームでやらなければならないわけです。自分が選ばれるかどうかもわからない2年後のチームのために、そしてその監督のために、所属チームでもいろいろなことを言われるのに、毎日その練習をしろと言うわけですよ。

だから、そのためにどうしたらいいのかなと思ったときに、志が高いワールドカップのベスト4という目標を本気で目指すと伝えたのです。「ベスト4を本気で目指すということは、犠牲も払わなければならない。そしてこういうことも続けてもらわなければいけない。自分は、本気でベスト4を目指すやつとだけ行く。本気で目指さないやつとは行かない。うまいヘタは関係ない。本気でベスト4を目指さないか」と選手みんなに手紙を書いたり、ミーティングの度にそれを言い続けて、それで段々みんなが本気になりだしたという感じですね。

久木留　それで、ターゲットを、チームキャプテン、そしてベテランの中村さんとか遠藤さんに絞って最初に話をしていった。その後、それがチームに浸透していくじゃないですか。そして、最後に川口さんを選手として呼びますよね。あれは、41歳のときの最初の代表監督の経験からですか。

岡田　いや違います。あのときは誰かがいたらとか、そういうふうには考えなかったです。ただ、自分もチーム創りを経験してきて、ワールドカップのような短期決戦で一番大事なのは、決勝まで行っても絶対に使わないメンバーは2、3人いるんです。しかし、要はそこにどういうメンバーを入れるというのがものすごく重要になります。組織というのは、上からうまい選手を23人選んだから強いチームになるかと言えば、ならないものなのです。

（川口）能活[1]は、自分が初めて代表メンバーから外しました。それまでは、あれくらい実績のある選手ですから、どの歴代監督も外していないのです。静岡まで外すことを告げにいったのです。それぐらいの人物ですから。「残念だけど、代表のメンバーから外す。でも、ノーチャンスではない。お前がファイティングポーズをとり続けてくれたら、ずっと見ている」と伝えました。ところがそれがショックで、その直後に大ケガをしてしまいました。それから1年間、自分はずっとジュビロ磐田のコーチに電話をし続けて、練習試合に出られるようになったとか、逐一その様子を聞いていました。公式試合には1試合も出ていませんでした。でも、練習試合で試合ができると聞いたから、能活に電話して、「今度メンバーに入れようと思うけど来てくれるか」と言ったら、「考えさせてくれ」と言うから「なんやこいつ」と思いましたよ。そうしたら30分後にすぐ電話があって、「岡田さん、それサポートメンバーということではなくて、23人ということですか」と聞くから、「だからそう言っ

注1　Jリーグクラブチームなどで GKとして活躍。4大会連続でFIFAワールドカップの日本代表に選出。オシムジャパン、岡田ジャパンでは主将を務めた。

ているじゃない」と答えて、「それだったら行きます、行きます」となりました。それで、「残念だけど第3キーパーで考えている。それでキャプテンにする。考えてくれ」と、それしか言いませんでした。だけど、彼は練習が終わると全部のボールを片づけたり、残り組みの練習でも先頭を走って頑張るわけですよ。そうなると若い選手は不貞腐れることはできませんよね。能活がいるから誰も文句なんか言えませんよ。それで、私が戦術を変えようかと悩んでいたときに、最後、能活を呼んで、選手だけでミーティングしてみんなの気持ちを確認してくれとお願いしました。それで、スイスで能活が選手全員を集めて話をしてくれました。そのときは、どうだったかを聞くと、能活は「いい話し合いをしました」と淡々というわけです。「何か出たか」と聞いても「何もありません」と答えるんですよ。

でも、後から聞いたら実は、喧々諤々《けんけんがくがく》のケンカだったそうです。そのとき、最後に（田中マルクス）闘莉王[2]が「俺たちヘボはヘボなりにやるしかないじゃないか」と言って、監督について行こうという流れになったらしいです。それまで結果が出ていなくて、監督が戦略を変えるかもしれないという噂が流れて、「戦術を変えたらどうする。いや、今のまま行きたい」とか、いろいろな意見があったらしいのですよ。だからそれを能活に聞いてくれと言ったのに、私に言ったらまた切れると思ったのかはわかりませんが、とにかく自分には言わなかったですね。やはり、彼が私の性格をわかっていて、それがベターだと思ってくれたのだと思います。だから、能活のおかげですね。自分は人のおかげで勝っている

注2
DFとして活躍し、2006年日本代表に初選出。同年最優秀選手賞（MVP）。2010年FIFAワールドカップ南アフリカ大会の日本代表に選ばれ、全4試合にフル出場した。

のですよ。

リーダーの仕事は決断

久木留 今、国立スポーツ科学センターは、２５０人ぐらいスタッフがいます。その中でセンター長をしています。組織をよりよい方向に導くために、今までのやり方を変えなければならないことも多いです。嫌われてもいいから、間違っていると思うことについて根拠を基に指摘します。そのうえで方向性を示して話をします。岡田さんとは比べものにならないですけど、日々、多くの決断をすることが多いです。

やはり、リーダーというのは決断が重要ですか。

岡田 今日もこのあとに一部上場の企業でリーダーシップの話をするのですが、組織をまとめていくリーダーの仕事は決断をすることですよ。答えのないことを決断しなければいけなくて、その決断をするときに、正しいか間違いかはやはりわからないのです。結果がすべてになってくるわけです。わかっていたら判断だから、わからないことを決断しなければならない。答えがわからないときにわからないことを決断するのだから、まあ直感で決断するのだけど、そんなときに何を基準にするのかと言ったら、やはり私利私欲のない、なんのためにこの決断をするのかということですね。そこに自分が有名になりたいとか、お金持ちになりたいとかが、ちょっとでも入っていたら、決断した相手に見透かされます。本当に私利私欲なく、チームが勝つために、この会社が存続するために、本当にそうかを自分に問いかけるわけですよ。それでその自信を持ってパッと決断をしたら相手にも伝わります。たとえば、自分はカズ（三浦知良）[3]や北澤（豪）[4]を切ったことで有名だけど、多くの人が彼らと会うのは嫌でしょ、とか言いますが、あいつらが来ても全然なんとも思わないです。私利私欲なくやっているから、悪いことをしたという気持ちが全くないので、全然、平気なのです。

久木留　決断の前に判断があるじゃないですか。それで判断の要素が情報ですよね。だからいろいろな情報を集めているのだと思います。岡田さんは今でも海外に行ったり、たとえばコンサドーレ札幌の2部から1部に上がれないときに、帝京の小沼（貞雄）[5]さんに会いに行ったり、本田選手のことを判断するのにも星陵高校の監督に会いに行って、自分で徹底して情報を集めていますよね。

岡田　そのとおり、情報は必要ですね。ただ、あれはね、情報を集めるというか。自分にいいところがあるとしたら人に聞くのは恥ずかしいとは思わないのです。たとえば、私が高校の先生に会いに行くと、日本代表の監督が会いに来るのかよ、と言われるのだけれど、全然恥ずかしいと思いません。だから、テレビでJリーグを観ていて、若い指導者がおもしろいサッカーをしているなと思ったら、試合が終わったらすぐに電話して、「お前、ど

注3
1982年単身でブラジルへ。国内外のクラブチームで活躍。現在、J1リーグ・横浜FC所属。Jリーグ史上最高齢でのプレー、得点記録をしている。

注4
Jリーグ開幕後、ヴェルディ川崎（現東京ヴェルディ）で三浦知良や武田修宏などとともに活躍。日本代表にも選出され、引退後はサッカー解説者を務める。

注5
高校サッカー界の名将。1965年〜2008年まで東京の帝京高校を率い、優勝6度、準優勝3度。高校総体では優勝3度、準優勝4度。現在は、栃木の矢板中央高等学校などでアドバイザーを務める。

う考えてあれをやっているの」と聞きます。私はそれが平気なんですよ。だから、いろいろな人の話を聞いて、その中で、最後は自分で決めます。

そうすると周りの人はみんな、岡田を育ててやったと言います。俺が岡田を育てたと言ってくださる。でもそれはそのとおりなんですよ(笑)。そのアイデアを取っているかもしれないし、そのおかげで他のアイデアが浮かんでいるかもしれないのですから。

久木留　岡田さんのこれまでのいろいろな対談を拝見して、岡田さんは、自分の感覚を確認する相手、やりたいことや、やれることの情報を徹底的に集めて、その相手を探す。つまり、自分で徹底的に判断するための材料を探しているのだなと思っていました。

岡田　そうです。こんなことを言ったら失礼だけど、自分はおいしいところ取りをしてうまく組み合わせるのが得意なんですよ。だからいろいろな人の話を聞いて、「ああ、ここはおいしい」とか、そうやってパクらせてもらっているんです(笑)。

久木留　それはすごいです。自分も結構リーダーシップの本をいろいろ読んだり、話を聞きます。ただ思っていたのは、どのリーダーの話も「なるほど」と納得します。でも、岡田さんのように徹底してできないですよ。これはどうしてですかね。

岡田　それは性格じゃないですか。新しいことや知らないことに興味があるんです。何か新しいものをやってみたいという好奇心が強いのです。そうやっていくとワンフレーズがひっかかったりするのです。たとえば、白石(豊)[6]さんとの対談でひっかかったのは、「何

注6
朝日大学　保健医療学部健康スポーツ科学科教授、スポーツメンタルトレーナー。独自のメンタルトレーニング理論により、数多くのスポーツ選手を指導している。

でサッカーは、みんな個では勝てないので組織で勝つというのですか。僕らの体操競技は個で15年間、1位ですよ」という一言です。「このやろう」と思ったけど、「なるほど。自分たちはなぜ、個で勝てないと決めつけているのだろう」と思いました。そのワンフレーズをもらうだけでもすごいことなのです。そういう人がまわりにいっぱいいます。天外(同朗)[7]先生の場合も、フロー経営の話でも全部ではなく、ふとしたワンフレーズに引っかかるわけです(笑)。

久木留　でも、それって自分が私利私欲なくいろいろなものを求めているから、そういうふうに引っかかってくるのでしょうね。

岡田　そうかもしれないですね。ただ、自分は「決断は直感である」とあちこちで言っていますが、要は直感というのは何もないところからは出てこないものです。いろいろなものが入ってきて、どこかでシナプスがぶつかってピッと出てくる。それを、余計なものを省いて出すのが、決断だと思っています。ユングの集合的な無意識みたいに、本当は真理を全員が知っているのだけど、そこに雑念が入っているからなかなか集合的無意識の真理にアクセスできていないということです。

そこに雑念がなければ本当に真理に直結できるというぐらいのときがあるわけです。こういうとまた怪しくなるけれど、結果がわかるときがあります。絶対負けないと信じ込んでいるから、相手のシュートがバーに当たろうが何しようが、絶対に勝つからとコーチに

注7
本名は土井利忠。工学博士。東京工業大学電子工学科卒業後、42年間ソニーに勤務。コンパクトディスク、犬型ロボットAIBOなどの開発を主導。現在は、企業経営者のためのセミナー「天外塾」を開催。

も言っていましたからね。今までまだ2回ぐらいしかないですけど。それを書くとなんか宗教家になるから書かないですが、そういうものがあるような気がするのです(笑)。

だから、田坂(広志)[8]さんが言うように、どっちを決断するのかではなくて、自分がどういう状態で決断するかというのが一番大事だと思います。自分もいつも最終決断するときは、自分が今どういう状態だろうというのを問いかけていますね。私利私欲がないか、自分は今、これをどういうつもりでやっているのか、何のための決断かと。こっちだったらどうだ、あっちだったらどうだということは全然考えません。

久木留　今日の話を聞いても、岡田さんは私利私欲なくというフィルターはかけていますが、やはり自分の中で徹底して決断をするためにいろいろな情報を削ぎ落としていますよね。

岡田　そうです。それは削ぎ落とさないと無理ですよ。ところが、雑念が出てきてそれがなかなか削ぎ落とせないのです。これをやったらマスコミに叩かれるなとか。それができたときは、さっきも言ったとおり怪しいぐらい当たるのですよ。でも、なかなかできません。

たとえば、こんな話は他ではしていないですけど、2010年の南アフリカ・ワールドカップのときにベスト16で負けましたよね。実はあの前は、今までにないくらい、今日は負けない、絶対勝つという自信があって本当に信じ込んでいる感じでした。それなのにPKで負けました。自分がそういう状態で負けたのは、唯一あのときだけです。

注8
工学博士(原子工学)。多摩大学大学院名誉教授。現在、全国から3000名の経営者が集まる「田坂塾」を主宰。著書80冊余。

あのときは、日本はグループ2位だったから、キャンプ地をあとにしての移動でした。だからもうこのキャンプ地には二度と戻ってこないわけです。そこは高級リゾートのゴルフクラブとかがあるところで、日本代表チームが貸し切っていました。その中に時計のフランクミュラーのお店があって、そこにワールドカップバージョンで世界に18個しかない時計が置いてありました。よくそこの店長と散歩していたのですが、そのときに「なぜ、お客もいなくてここには日本代表チームしかいないのに、こんなすごい時計を仕入れているのか」と聞いたら、「日本の監督なら買うかもしれないと思って」とか言ってきて、それで自分は「そうか、高いなー。でも、結果残したら俺が買う」と言いました。

自分としての結果は実はベスト4と言っていたのに、予選リーグを突破した時点で、どこかで満足していたから買ってしまったのですよ。なぜなら、その後、そこから移動してそのキャンプ地には戻ってくることはできないからです。ベスト16が決まった時点で親父にプレゼントしようと買いに行ってしまったのです。

自分は口ではベスト4と言いながら、あそこで満足していたのだなと思いました。これがワールドカップ優勝経験のある監督だったら、「まだベスト16だ。冗談じゃない」となるはずなのです。やはりどこかで満足していて雑念があったのだと、みんな駒野(友一)[9]のせいじゃないとか慰めながらグラウンドを歩いている中で気がついたのです。なんで負けたのだろうとずっと自分に問いかけていて、「あ、オレのせいだ」ってそのときにわかり

注9
2010年FIFAワールドカップで日本の決勝T進出に貢献。決勝T1回戦のパラグアイ戦は延長戦でも決着せずPK戦となり、駒野は3人目のキッカーを任されたが失敗。ベスト8進出を逃した。現在は、FC今治所属。

ました。目標設定でベスト4と言っていたけれどそれを信じ切れていなかったし、目標に到達していないのにも関わらずベスト16に満足してしまった。だから、それは「まあこれくらいでいいかな」という雑念なのです。本当に素の自分だったら、勝負に徹していたら、チームが勝つためだけを考えていたら、絶対に買わなかったですから。

強烈に考える――孤独と強さ

久木留　それから、私が共鳴して、かつすごいと思ったのは、岡田さんは、頭の中にあるいろいろなものをホワイトボードに書いて、次に自分の中で整理し直すというところです。それは昔からですか。

岡田　マリノスの監督時代からですかね。あの当時は、もう頭の中でいろいろなことを考えてパンクしそうになっていました。家にホワイトボードなんてなかったけど、監督室には必ずあるので、そこに思いつくことを全部書き並べて、ずっと眺めていました。そうすると、整理できてくるのです。実は、あとから見たら、マインドマップみたいなものですけど、そのときはわけがわからなかったんですけどね。でも、書くことが自分の癖になっていきました。自分がホワイトボードにすごい勢いでいろいろ書くので、コーチ陣がそれを見て、「何をしているのですか？　岡田さん」と驚くわけですよ。それで、それらを整理して「今度は、こういう方針でいくぞ」と言うと、みんなが「これは、どこからどう出てきたのですか」となるわけです。

久木留 岡田さんの場合、分析スタッフからいろいろな情報が判断材料として手元にきますよね。でも、先ほどの削ぎ落とすという意味で、情報量は必要でしょうが、それに絶対、左右されないというのはあるのですか。

岡田 左右されないというよりも、今はものすごく情報が氾濫していて、その中でどれをどう選択するのかは手腕が問われます。そうすると、先ほど言ったように、なんか忘れているのではないかとか、あれはどうしたとか、全部の大事な情報を落としたような気になるのです。だから、関係ない情報も、全部書き出してみるのです。何となくそれを見ているると、「これが一番大事だよな」と見えてくるようになるのです。だから自分がホワイトボードに書いているのも、マインドマップで最終的にどこが一番大事なのかを探すためみたいなものですね。

岡田メソッドの具現化
――進化は変化の中に　チームが自由に動く

久木留 ここからが岡田さんのフェーズⅡの話なのですが、ここまでのフェーズⅠでは、チームでの短中期決戦でしたよね。次に2015年にFC今治に行かれてからは、短中期決戦型のチーム創りを離れて、長期間でやっていく組織創りに入っていきますよね。やはりこれも新しいチャレンジですか。

岡田　これは指導者としては一応すべてやったなという思いでいたところ、2014年ブラジル・ワールドカップでザッケローニ監督が率いる日本チームが負けたんです。私はあのチームはすばらしいチームだと思っていました。ザックと仲がよかったからというわけではなくて、単純に評価していたのです。ところが、初戦で逆転負けした瞬間、がたがたになったとき、日本人はどうしてこうなるのだろうと思ったのです。2006年のドイツ・ワールドカップのときも、ジーコ監督のチームも強かったのに、初戦でオーストラリアに逆転負けした瞬間からがたがたになりました。これは何なのだろうとずっと悩んでいたのです。

そんなときに、スペインのFCバルセロナのコーチが私に会いたいと言うので、協会の隣のホテルで会いました。彼はものすごい理論家だったのです。私が「すごいね」と話を聞いていたら最後に彼が、「こういうサッカーの型のようなものを僕たちは持っていて、これを16歳までに落とし込んであとは自由にする」と言ったんですよ。「えっ、スペインには型があるのか?」と驚きを隠せませんでした。

Jリーグができたときにたくさん外国人の指導者が日本に来たのですが、「何で日本人は、場面、場面でどうプレーするのかと聞くのか。それを自分で考えるのがサッカーだろう」と言うわけです。だから日本人は言われたことはよくやるけれど、自分で判断できないといつも言われていました。それがいまだにひょっとして変わっていないのかもしれないと思ったのです。それで我々は、そうか自由を与えなければならないのだと思って、今度は自由だ、自由だとなりました。それまではここでボールを持ったらここに蹴れ、とハウツーを教えていたのですが、「それではダメなのだ。自由を与えて判断させなければ」と思い自由を与えるようになったのです。それでも、言われたことはきちんとやるけれど、自分で判断できないとか言われるのはあまり変わりませんでした。それはなぜだろうなとずっと、思っていたのだけど、スペイン人の彼が言ったのは、そういう型があって16歳までに落とし込んであとは自由にするということでした。

自分たちは、「自由だ、自由だ、自由だ、自分で考えなさい」と丸投げして、16歳の高校生ぐらいからいきなりチーム戦術を教え出していたのです。だからじゃないかと思いました。武道の「守破離」みたいに、最初に型を教えて、それを破って離れていく。あとは自由にしたら、日本人も主体的に自分のプレーをできる自立した選手が育つのではないかとひらめいたわけですよ。

今まで日本の指導者たちは、ヨーロッパでは選手に自由を与えて判断させると言っていたけれど、彼らの自由の真意はプレイモデルという型があったうえでの自由だったのです。

だけど、日本人はその自由だけを真似てしまったのではないかと思ったわけです。それだったら日本人が世界で勝つための型を作って、それを16歳までに落とし込んで、あとは自由にするチームを作ってみたいと思うじゃないですか。

要するに原則主義なのです。原則を教えることなく、相手がこう来るからこうしろといきなりチーム戦術に入ってしまうから、そのとおりにしかできなくなるのではないかなと考えたのです。まずは、原則をしっかり教えて、あとは自由にやっていくようにしたらいいのではないかと、そう思い出したら止まらなくなってしまいました。それで、やりたい、やりたいと、ほうぼうで言っていたら、Jリーグの3チームぐらいから全権を任せると言われました。ただ、Jリーグだと今あるものを潰さなければならなくなります。つまり、今のコーチがやってきた過去を否定することになるから、絶対反発が起きますよね。それで、そういう人を切るなどネガティブなエネルギーを出すならば、10年かかってでもゼロからできるところがないかなと、ふと思いついたのがFC今治なのです。岡田メソッドというのを作って、それを16歳までに落とし込んであとは自由にするクラブを創りたいということで、今治に行くことになりました。

やはり、ゆとり教育もそうですが、何もないところから自分の好きなことを探しなさいと言っても、見つけられた子はいいですが、大半の子はやはり見つけられないですよ。何か型みたいなものを教えてその中から自分でそれを破って自分なりのものを創っていくというのは、これはひょっとしたら教育や指導の真髄かもしれないと思いました。簡単にできると思っていたら、そう簡単でもなくて3年もかかりましたけどね。

久木留　そういう意味では、これまでに日本にはなかった岡田メソッドのプレイモデルの完成はやはり大きいですね。

岡田　自分自身でもそんなに効果があるのかなと疑いながら創っていたところはありました。ところが、効果というのもありますが、自分自身がサッカーを整理できはじめたのです。これをもう少し前に知っていたら、もうちょっといい監督になれたなと思います。たとえば、毎週1回、岡田メソッドの勉強会をしていますが、ときどき自分の講義もあるのですが、数カ月前はゲーム分析という講義をしました。そのときは、U15（15歳以下）の選手を二つに分けて試合をさせ、試合中に自分が何を口にしているかということを聞き、その後、議論をするという設えでした。ところが、試合がはじまったら自分が何も発しないので、「岡田さん、何か話してください」と言われてしまって（笑）。

その試合は、前半に片方のチームが圧倒されていたので、ハーフタイムに負けているチームに対して、ミーティングをするから聞いておくように伝えたのです。実は自分でも驚いたのですが、その試合の後半戦は、真逆になりました。そのハーフタイムに自分がそこで説明したのは、要するに、プレイモデルに基づいて何が問題かというポイントを伝えたのです。「何かうまくいっていないな」というのは駄目で、論理的にゲームを見て行くことが重要です。たとえば、そのときは前からプレッシャーをかけられていて、ストッパーのところからボールが前に出せていなかった。プレイモデルでは第1エリアや第2エリア、第3エリアと分けています。このときは、ストッパーがボールを持ったときに、第1エリアに誰もいないではないかということを指摘しました。背番号6番には、3種類のサポートのうち、特に緊急のサポートをして常に助けることを指示しました。もしそのときに、ただ「ストッパーがボールを持ったときもっと助けてやれよ」と言っても、おそらく何も伝わらないし、変わらなかったと思います。でも、プレイモデルを用いて指示をしたら、自分でもびっくりするぐらいガラッと変わり、みんなも驚いていました。やはり、自分でもその効果はあると思いましたね。

久木留　そういうのは、スペインとかではあるのですか。

岡田　ちょっと違うけど、あると言えばありますね。自分たちは、1年目に1年ぐらいかけて、1回FCバルセロナの物真似みたいなメソッドを創ったのです。ところが、どうしても腑に落ちないわけですよ。それでよくいろいろと考えてみたら、やはりスポーツは、その国の文化や歴史の上にあるのですよね。

バルセロナは、論理的に良いサッカーであっても、絶対カタルーニャはレアルマドリッドと同じサッカーをしないというプライドがあります。だから、彼らはサッカーの理論ではなく、こちらの方がいいだろうというわけです。それに気がついたのは、ゲルニカというスペインの内戦でものすごい政府軍にやられている絵を観たときです。彼らのサッカーの下にはカタルーニャ人のこの怨念があるのですよ。それを私たちが理解しようとしても無理で、日本の文化に根ざしたものを自分たちで創らなければならないのだと気づきました。それで契約も破棄して、1回全部を潰しました。自分たちでやりはじめてそこから2年かかったのです。だから、トータルで3年半ぐらいかかっています。こんなに大変だとは思わなかったけど、もう完成に近づいてきています。当然、これからも次から次へとブラッシュアップされていくと思います。でも、本当にそういう意味では改めて、サッカーは人の物真似では駄目なのだと思いますね。だから、彼らはサッカークラブ以上の存在と言われるのだと思います。

久木留　なるほど。その中で、バルセロナも日本も世界のサッカーも進化をし続けているわけですか。

岡田　どんどん変わっていっていますね。でも、原則みたいなものはそこまで変わらないです。ここでボールを持ったときにはこういうふうに走ってというような戦術は変わります。でも、たとえば、サポートの原則は三つあるとします。ボールを持っている人がそのボールをとられそうになれば、どんなことがあっても顔を出して寄って行かなければならない。これが1のサポートとします。こいつにプレッシャーがかかっていなかったら寄らずに開いてあげた方がよい、それが継続のサポートです。それで、相手のポジションが悪かったら、前へ入れ替われるポジションをとるべきなのですが、これが3のサポートということです。これをみんなに教えて、ゲーム形式の練習のとき全員に1か、2か、3かを言わすわけです。それだけで、ぽんぽんボールが回りますよ。なぜかというと、今までは、「前もって周りを見ろ、サポートサポート、今のは寄る」と、これは状況での指導なのです。それを原則として指導しだしたら、周りを見ろと言わなくても、番号を言うということは、自分のマークがどこにいるのか周りを見なければならないですから。それで、間違っていたら、なぜ、そっちに寄っていったのかを聞いてみる。すると、今はプレッシャーがかかっていないから、こっちですねというように自分で答えを考え出すのです。状況での指導だと選手は、こういう場合はどうなのかというふうに100通りぐらい答えがあるように感じるわけです。ただ、原則は緊急と継続と入れ替えとの三つしかないし、この原則はそれほど変わりません。

久木留　守破離の話を聞いて思い出したのは、柔道の上村(春樹)[10]さんが形(型)の話をしていて、当時はよくわかりませんでした。でも、型を覚えないと応用ができないということですよね。そういう意味では岡田さんが言われていることも似ています。

岡田　私たちは、型というと封建的とか、古いように思いますよね。それは守破離の守ばかりを言うのです。それで破離は自分でやれという。それをきちんと破と離まで、このタイミングでこの年齢でこういうふうにしていくというのをきちんと言えれば、決してそう

注10
1975年世界選手権ウィーン大会無差別級優勝、1976年モントリオール五輪金メダルなどの成績を残す。引退後、日本代表監督としてソウル、バルセロナ五輪を率いた。JOC常務理事、強化本部長、全柔連会長などを歴任。国際柔道連盟(IJF)理事。現講道館館長。

いう古い封建的なものではないと思うのですよ。それを守ばかりをいうものだから、なんかもう頭ごなしに、これをやれやれとずっと言われているみたいな気になってくるのだと思いますね。

久木留　それは日本の教育と同じですね。僕は今回いろいろ調べさせてもらって、岡田さんは滅茶苦茶サッカーが大好きで、サッカーに関しては本当に鬼のようになるけれども、環境問題の話とか、早稲田の堀江(忠男)[11]先生の話とか、森信三[12]さんとかもでてきたりして、岡田さんの根幹は、教育者なのではないかと思ったのですが、どうですか。

岡田　(笑)教育者なんですかね。基本的に生物はみんな命をつなぐために生きているのですよね。みんな何のために生きるのかと言えば、結局は子孫をつなぐために生きているのです。ところが、人間だけが自分のためだけに生きているのかもしれない。環境問題にしても野外体験教育にしても、自分は次世代のために生きていこうと考えています。それが教育なのかもしれませんが、ただ世の中で言われている教育をやろうというのではなく、人類だけがみんな今さえよければいい、俺の時代がよければいいみたいなものでもないですね。ＦＣ今治の企業理念は「次世代のため、物の豊かさより心の豊かさを大切にする社会創りに貢献する」としています。すると、みんなに「なんでそれがサッカークラブなんだ」と言われるけれど、これは自分の原点なわけですよ。それはどういうことかというと、本当の豊かさは、ＧＤＰやものの高い・安いなどの数字で表されるよりも、心の豊かさ、つ

注11
早稲田大学名誉教授。ベルリン五輪にサッカー代表選手として出場。早稲田大学サッカー部（早稲田大学ア式蹴球部）監督を務め、岡田武史氏らも育てた。

注12
哲学者。「国民教育の父」とも言われる。主な著書に『修身教授録』『哲学叙説』『恩の形而上学』など。

まり目に見えない、数字では表すことのできない共感、感動、信頼など、そういうものを大事にする社会にならないと必ず行き詰まります。最終的には戦争になるのです。

たとえば、「10人いる村に行って、10金ずつ貸します。翌年11金ずつ返してください」というときに、11金を返す人がいたら、9金しか返せない人もいるわけですよ。「残念ですね、もう10金貸します。1年後に22金を返してください」となって、すごく頑張るけれど、実際にある金と返さなければならない金の差がどんどん広がっていくわけです。これがバブル、つまり格差なのです。それがパーンとはじけるのを繰り返すけれど、どうしても耐えられなくなったときに戦争で平らにする。また、人類は同じことをしようとするのかという思いでいます。だから、信頼とか夢とか感動は数字で表せないし、売るものではないのですが、そういうものにお金が回ってくる社会にならないと、必ず格差が広がっていくのです。

だから、そういうつもりで今の会社の理念もやっています。たとえば、同じものを売っている会社があるとしますよね。それで、こちらのほうが高いけど、お客さんがにこにこ挨拶してくれる。こちらは安いけど、社員がノルマノルマでやめていく。同じものなのに高い方を買おうかというのが信頼にお金を払うということです。そういう社会がこないといけないという思いでやっているので、これはサッカーも、環境教育も全部そういう気持ちですね。

久木留 なるほど。岡田さんは、それまでの短中期決戦のチームづくりから、FC今治での組織づくりに入っていって、どう変わりましたか。

岡田 日本でスポーツ界のパワハラはなくなりませんよね。それはなぜかと言うと、殴ったほうが結果が出るからです。いつも主体性がなく、イエスと従ってやってきていたからなのです。だから怒鳴ったほうが速く走ってしまうのですよね。

人間は、自分の人生は自分で選べるのです。だけど、みんな周りのせい、環境のせい、人のせいにします。たとえば、今は労働基準法などで厳しいですから、残業している社員がいると早く帰るように言います。そうすると、「岡田さん、こんなに仕事があるのに帰れませんよ」と言うのです。私は、「いや、あなたがその足で立って、駐車場に行って車に乗って今日は帰って、仕事が多すぎますと言えばいいだけだよ。自分の意思でここに座っているんだよ。それを周りのせいにしているだけなんだ」と、少しかわいそうではありますが、それぐらいのことは言います。主体的に自分の人生を自分で選べばいいのです。

自分は世界の中でも、日本の代表選手は強いと思っています。でもちょっとしたことでがたがた崩れて結果を残せないのは、主体的に考えていないからです。だから、そういう選手を育てたいという思いになりましたし、うまくいっていないときでも自分たちで判断していける組織をつくりたいと思って今治での活動をはじめました。

ところが、今治に行って町の中心に立ってみたら、デパートの跡が更地になっていて、商店街を誰も歩いていないわけですよ。それで、ああこれは自分が成功しても立っている場所がなくなるなと思ったのです。それならば、この街の人たちと一緒になって元気になる方法がないだろうかということで、今治モデルとして全体で一つのピラミッドを創ろうということをはじめました。それがきっかけで、いろいろと地方創生に携わるようになり、どんどん拡がっていきました。ただ、自分が1人でこれをやっていたら、もう多分パンクしていますね。自分が次から次へと新しいことをはじめるので、うちの会社の東大からゴールドマン・サックスにいた矢野社長やP&Gにいた吉田さんのように自分とは真逆の論理的思考の人をぶつけて足を引っ張ってくれないとダメなのです。

久木留　でも、新しいことがいろいろと出てくるという根幹は、自主的に主体性を持って行動できる子ども、大人、そして大衆というのをつくっていくということを今治から発信していくという目的があるからですよね。

岡田　そうですね。昔、スポーツで勝てないときに、自分たちはみんな国民性や教育のせいにしてきました。でも、亡くなってしまいましたが、ラグビーの平尾（誠二）たちと「逆にスポーツから国民性を変えられないだろうか」と、よく話し合っていました。平尾もそういうことをやろうとしていたのだと思います。今、日本という国に必要なのは、実は強烈なリーダーではなく、主体性を持った国民です。そうでないとまた同じ過ちを繰り返します。

山本七平が書いた「空気の研究」という本がありますが、要するに物事を論理ではなく、空気が決めてしまうということです。戦争に行くときの御前会議で、科学者はアメリカと戦争したら絶対に勝てないと言ったにもかかわらず、軍部は「そんな気持ちだから勝てないのだ」というので、開戦しました。そういうところがいまだにまだ、ありますよね。だから、自分の中ではそんなに大きなことを言ってるつもりはないですが、主体性を持った人間を育てるというのが、一番大きなミッションなのです。

久木留 1961年に策定されたスポーツ振興法の理念は、「Development of Sport（スポーツの発展）」だったのが、2011年策定のスポーツ基本法では「Development through Sport（スポーツを通した発展）」になりました。今までは「スポーツを発展させる」だったのが、「スポーツを通して世の中を発展させる」というふうになりましたよね。

まさに岡田さんがやろうとされていることは、志のある方々が考えていたことなのだなと改めて思います。岡田さんの新しい挑戦が、日本独自のサッカーを創り上げるのを楽しみにしています。

岡田 ありがとうございます。どこまでできるのかわからないのですが、やるだけやってみます。

「決断」を支えた三つのポイント

◉リーダーの役割

岡田さんはJリーグで連覇を成し遂げ、さらに二度のワールドカップ日本代表監督を経て、世界における日本の立ち位置を把握しました。そのうえで国内だけで努力しても、世界で勝つことの限界を知ったのです。だからこそ、多数の国内Jリーグ強豪チームからのオファーを断り、未開の中国リーグへと渡りました。その決断は、日本が世界で勝つためのものであり、アジア全体が強くなり、切磋琢磨しないと世界との差が広がるばかりであるという大局観に立ったものだったのです。

この岡田さんの一連の行動からもリーダーの役割を垣間見ることができます。大局観に立ったうえで、日本のサッカーの未来を見据えて決断する。まさに、リーダーの仕事は決断することであることを教えてくれています。さらにリーダーは、私利私欲を捨て、決断できるかどうかだと岡田さんは解きます。

私利私欲を捨てることは、簡単ではありません。だからこそ岡田さんは、監督にとって「I」ではなく「We」という言葉を大切にし、代表チームではフィロソフィーに「Our Team」を入れたのです。

◉決断とリスク

現役を引退した後、岡田さんがドイツにコーチ留学して経験したのは、監督という仕事の厳しさの違いでした。このことを本当の意味で最初から理解している日本人監督はいないのではないでしょうか。それはサッカーだけではありません。他のスポーツでも少ないように思います。

人は誰でも他人に好かれたいと思うものです。しかし、プロフェッショナルサッカーという厳しい仕事の中で、選手たちに好かれたいと行動する監督が相手のチームに勝ち、リーグ戦で勝ち続けることができるでしょうか。まして、世界を相手にしていくときには、選手に好かれることなど関係ないのです。ただ、チームがまとまり、一つの目標に進んでいくとき、監督は尊敬される存在でなければならないのです。そのことを強烈にドイツで経験したからこそ、二度目のワールドカップでベスト16へとチームを導いたのでしょう。

監督という仕事は、孤独でありハードワークをともなうものです。チームを目標に導くために日々考えぬいたうえで実行し、さらに、新たな情報を入れては思考を繰り返して実践で結果を出さなければならないのです。そして、結果が出なければ解雇です。それはシーズンの途中であっても同じです。どんなときでもチームを勝たせることを考え、決断できる者だけが監督になれるのでしょう。そのことを岡田さんは教えてくれました。

さらに、岡田さんは、決断とは余分なものを削ぎ落とす作業であると言います。また、決断とリスクはワンセットでもあることを対談の中で教えてくれました。

◉情報の活用

思いつくことを全部ホワイトボードに書き並べて、ずっと眺めて、整理をし、情報を削ぎ落とす。情報とは自分の感覚を裏づけるものであると岡田さんは言います。その情報を徹底的に活用するのも岡田さんの強みです。

相手が誰であろうと、知りたいことがあれば徹底して聞く。電話で聞いて、もっと知りたいと思えば日本であろうが世界であろうが、直接本人に聞きに行く行動力があるのです。集めた情報を自分のフィルターを通して分析し、パズルのピースを埋めるように一つひとつ丁寧においていく。その過程において、腑に落ちなければまた聞きに行く。その繰り返しを勝利のために何度でも実施していくのです。

ただ、情報は集めることや分析することが目的ではありません。決断のために使わなければならないのです。そして決断は自分が行うのです。つまり、責任も自分にあるのです。だからこそ、徹底して集められるだけの情報を自分に入れていくのです。

情報とは使ってこそ意味があることを岡田さんは改めて教えてくれたのです。

〈対談を終えて〉

カナダオリンピック委員会の会長など国際オリンピック委員会をはじめ、多くの世界的なスポーツ界の役職を歴任しているロジャー・ジャクソン氏は、私たちハイパフォーマンススポーツセンターのアドバイザーです。彼は自らも前回の東京オリンピックボート競技の金メダリストであり、元カルガリー大学の教授で学部長です。さらに、複数の博士号を有するアカデミアでもあります。ロジャーは、いつも私たちに「リーダーとは姿勢・態度で示すものである」と説いてくれます。ただ、姿勢・態度で示すというのは、なかなかできそうでできないものです。

今回、岡田さんからは世界と戦うリーダーとはどうあるべきなのか、その姿勢・態度についても教えていただきました。さらに、ハイパフォーマンススポーツという分野で培った知見を広く社会に還元していこうという姿勢・態度も明確に示していただきました。

私たちハイパフォーマンススポーツセンターでは、研究に基づく支援を世界と戦うトップアスリート、チーム、そして競技団体を対象に展開しています。ただ、今後は、そこで得た知見を社会に還元することが求められています。その点からも岡田さんのFC今治での取り組みはとても参考になります。

2021年に延期された東京オリンピック・パラリンピックがどのように開催されるのか、そして次の未来がどうなっていくのかは、誰にもわかりません。ただ、一つ言えるのは、東京大会以降は間違いなく地域がわが国の主役になっていくのだと思います。

その理由は、アスリートが地域で生まれ地域で育ち世界に飛び出していくように、日本の各分野の資源は、やはり地域にあるのです。その資源をどのように活用していくかが今後の日本の課題なのです。AI、5G、IoT、GPS、VRなどのテクノロジーを地域の資源と掛け合わせていくことで新しいイノベーションが起こっていくことでしょう。ただ、そのときに大切なのは、人を大切にする哲学であり、人を中心に添えた理念であることも岡田さんは教えてくれました。

実はこの部分が、東京大会後に日本が世界のトップランナーであり続けるかどうかを左右するように思います。一極集中から地域分散型へと進んでいくためには、テクノロジーも大切ですし、地域と地域、地域と中央のネットワークも重要となるでしょう。ただ、それらを結ぶのは、やはり人です。その人の育成こそ日本の最大の課題です。それも世界で通用する個の力を持った人材の育成が重要なのです。

岡田さんとの対談を終えて、私は以下のように確信するようになりました。スポーツを通して地域とともに未来を担う人材を育成することが、これからの日本には最も必要なことなのだと。そして、スポーツには個の力をつけさせるのに最も重要な、競い合いの要素が多くあるのです。

第4章

「改革」——日常を世界基準に

奇跡につながった努力

日本オリンピック委員会（ＪＯＣ）では毎年８週間、各競技団体のトップコーチを対象とした「ナショナルコーチアカデミー（ＮＣＡ）」を開催しています。

東野智弥さんは、２０１０年にＪＯＣのＮＣＡを受講していました。そのときにＮＣＡのスクールマスターと、スポーツ情報戦略という講義の講師をしていたのが私でした。それ以来、東野さんはいろいろと相談に来てくれるようになったのでした。相談と言っても、何か私が答えを提供するというより、東野さんの情熱あるアイデアを聞かせてもらっているという方が正しいと思います。

ただ、時どきに私は東野さんからの質問や相談に応えてきたこともありました。どうしても同じ分野の中だけで話をすると、画一的なものの見方をしてしまうのです。そのことを理解していたからこそ、東野さんは他分野の私の話を聞きにくるのだと思います。

東野さんが日本バスケットボール協会の初代技術委員長になる前（２０１５年）から、「先生、バスケットには可能性があります。実はタレントもそろってきています。中でも、八村塁というすごい選手がいます」と、机越しに身を乗り出して私に話をしていました。ただ、東野さんの先見性は正しかったことを、現在ＮＢＡ（北米プロバスケットボールリーグ）で３シーズン目も大活躍している八村さんが証明してくれています。

　また、技術委員長に就任するや外国人ヘッドコーチの必要性を協会側に懇願し、自ら世界トップクラスの人材を日本に引っ張ってきたのです。そのときも、「先生、アルゼンチンというのは、１９５２年のヘルシンキオリンピック以来44年間オリンピックに出場していなかったのです。その国が２００４年にアテネオリンピックで金メダルを獲得しました。続いて２００８年の北京大会も銅メダルを獲得し、２０１２年のロンドンオリンピックは惜しくも４位でした。これらのことからも理解できるように、その実力は確実に世界トップクラスです。凄いですよね。凄いでしょう。このロンドン大会時の監督を呼ぶつもりです。どう思いますか？」と、畳み掛けられた私は、「凄いですねー。いいんじゃないですか」と言うしかありませんでした。ただ、東野さんが凄いのは、本当にこの世界トップクラスのヘッドコーチ（フリオ・ラマス）と契約して日本に連れてきたことでした。

　さらに、当時の男子日本代表は、世界どころかアジアでも結果が出ない日々が長く続いていました。その中で多くの人は、ＦＩＢＡ（国際バスケットボール連盟）バスケットボールワールドカップ２０１９予選を日本が勝ち抜けると考えていなかったのです。しかし、日本代表は予想を裏切りアジア予選を突破し、ワールドカップ出場を果たしました。その裏側で日本バスケットボール界のために人知れず、自分が掲げた目標に一心不乱に突き進んだ東野さんがいたのです。代表チームの日常を世界水準にすることを掲げてきた男が、概成概念を次々に壊していったからこそ、奇跡につながったのです。

　そんな東野さんに、対談では日常を世界基準にする必要性や固定概念を壊す方法などについて深く聞いていきました。

Interview

固定概念を壊す

イノベーションを生み出す

日常を世界基準に

公益財団法人　日本バスケットボール協会
技術委員長
FIBA WABC Executive Committee Member

東野 智弥　Higashino Tomoya

北陸高校にて全国大会優勝に貢献。その後、早稲田大学を経て、1993年にアンフィニ東京に入社。実業団選手権準優勝に貢献。３シーズンプレーした後退社し渡米。半年の語学留学を経て、ルイス&クラーク大学でアシスタントコーチに就任。1999年、エミネクロス・メディカルセンターのスポーツコーディネーター、所沢ブロンコスのヘッドコーチ、母校である早稲田大学のコーチ、同５月、全日本車椅子バスケットボールチーム・アドバイザーコーチ(2008年まで)にも就任。2001年、トヨタ自動車アルバルクのアシスタントコーチに就任。リーグ初優勝に導く。2013年、浜松・東三河フェニックスヘッドコーチに就任。2014-15シーズンにbjリーグ優勝を達成。2016年より、日本バスケットボール協会の技術委員長に就任。

行動し続ける力が新たな扉を開く

久木留　まず、技術委員長というポジションを多くの人が知らないと思いますので教えていただけますか。

東野　技術委員長は、サッカーの流れを受けて新たに設置されたポジションです。日本のバスケットボールの5人制、3人制男女の育成から強化、指導者の養成を含めたすべての技術を司る役割を担うものです。当時の川淵（三郎）[1]会長の指名を受けて2016年5月に私が初代技術委員長になりました。強化本部長は、勝ち負けの中で答えを出すのが仕事ですが、技術委員長はそういう短期的な部分もありながら中長期的な大枠の戦略を考えて、それを積み上げていくことをやっていかなければならない立場であるととらえています。バスケットボールは、チームスポーツの中でも対人スポーツなので、サッカーやラグビーの関係者にいろいろな話を聞いて、組織としての技術委員長の役割をどう位置づけていくかを考えています。

それまでは、いつもヘッドコーチ（監督）に任せて、ヘッドコーチが勝ち負けのすべての責任も持つような状態でした。だからアジア大会や国際大会で負けると、また一からチームを作り直すということが繰り返し起きていたのです。それが実は日本の組織としてのい

注1
Jリーグ初代チェアマンを経て、第10代日本サッカー協会（JFA）会長を務めた。2015年1月、国際バスケットボール連盟（FIBA）のタスクフォース・『JAPAN 2024 TASKFORCE』のチェアマンに就任。現日本バスケットボール協会エグゼクティブアドバイザー。

ろいろな障害になっていました。つまり、首のすげ替えだけがチームスポーツの大事な部分ではないのです。勝つというプラスの部分からも負けた失敗からも学んだものをどのようにレガシーとして次に残して行くか、それをどうアクションに移して繁栄に活かすかというところは、実はできていませんでした。だから、就任時にまずはじめたことは、技術委員会を作ることでした。私自身も各分野でわからないことがあるので、まずは、スペシャリストと言われる人たちを集めて英知を結集し、そのマネジメントをしなければならないのではないかと考えました。

久木留　そうすると、4年周期で変わっていく強化スタッフを、たとえば8年周期、12年周期にしていく、つまり、会社でいうと総合企画本部長のようなものでしょうか。

東野　そうですね。マネジメントという概念を強化の組織に取れ入れないと、世界のチームスポーツの成長曲線にはついていけません。だから、技術委員会を作りました。サッカーの技術委員会には3つの部会がありますが、バスケットでは9つの部会を作りました。今は10個目を作ろうと思っています。試合があるときは、それぞれの部会で話し合います。たとえば、U16(16歳以下)の試合があった場合、ヘッドコーチを入れてどうだったのかということを議論します。テクニカルハウスと呼んでいる分析部隊が、男女関係なく日本の基準となる数値を作ってくれているのですが、これに対して映像と数値を交えてそれぞれが俺だったらこうするという意見をバンバンぶつけ合うのです。技術委員会の構成は、部会のトップが入っているので、そこに上げて、さらに話し合いを重ねて最終的に全体の戦略として落とし込みます。たとえば、U16のときにこの課題ができていないから、今の代表チームでこれができていないのではないか、と仮説を立てて議論を行き来させるという方法論です。

久木留　東野さんが2016年の就任記者会見で、「日本のバスケットボールを大改革しなければならない」と覚悟を持って言われましたよね。そのときは4年後の東京オリンピックまでに、よほどのことをやらないと勝てないという覚悟でいたのだと思います。

東野　そうですね。当時は、火中の栗を拾いに行くのだと言われたのですが、私にはその栗がおいしい栗に見えたのです。自分が20年間コーチをやってきて、ずっと日本のバスケットボールを変えたい、強くしたい、メジャーにしたいというのが夢というかバスケットマンとしてのポリシーのような譲れない何かがあって、それが私を動かしていました。20年やってきて、福島の両親に掛け合って助けてもらってアメリカに行き、そういう感覚を持って今に至るので、おそらく他の人の感覚とは違うんですよね。

久木留　やはり日本を外からみるということはすごく大事だと思います。今回、私が東野さんにお話を伺いたいと思った理由の一つに海外経験があるということがありました。東野さんは1996年から1998年までアメリカにコーチ留学をしていますが、なぜ行こうと思われたのですか。

東野 私の年代は実はゴールデンエイジで、私自身はプレーヤーとしてはたいしたことはありませんでした。だから、先ほど言ったように日本を強くしたい、メジャーにしたいという夢を達成するには、プレーヤーではないなと考えました。それと、若くして日本のコーチはコーチングを全然できてないなと思っていました。頑張れ、走れ、ディフェンスやれ、リバウンドやれとか言われるけど、どうやって、なぜ、それをするのかというようなコーチングは皆無だったように思えます。そのうえ、お前は生意気だとか、声を出していないと言われたら試合に出られないし、それはもうバスケットボールとあまり関係ないじゃないかと私は思っていました。もちろんコミュニケーションは必要だし、真面目にやらないといけないというのはありましたが、バスケットボールの中身は何もないではないかと疑問に思っていました。そして、早稲田大学の頃、バイク事故にあって首をムチ打ちして練習を休んだら、「お前は夏の前の練習を休んでいるから出さない」と言われて試合に出られなくなりました。もうこれは一体なんなのだ、今はちゃんとプレーできるし、コートでは自分の方が上じゃないか、と当時は思っていましたね。

実はその頃、先見の明を持って、いち早くアメリカのマイケルジョーダンが通ったノースカロライナ大学に行った高校の同級生がいました。彼は1年で癌が見つかって21歳で亡くなってしまうのです。西俊明くんと言って、広島出身で北陸高校に来て一緒に日本一になった仲間です。その彼が、私が試合に出ていないのを見て、「試合に出るだけがチームの一員として大事なことじゃない」と私にコーチングをしたのです。「お前が練習で頑張ってやつらよりうまくなり、それでチームが試合で勝ったらお前の手柄じゃないか。もっと自分を磨け。お前にそれ以上の力があったら、それはコーチだって使うよ。そういうものが自分にはないのだという考え方を持たなきゃいけない」と。それで、これこそがまさしくすばらしいコーチングだと思ったのです。彼がコーチというのはこうでなければいけない、アメリカに行かなきゃいけないということを私が考えるきっかけを作ってくれたのです。今から23年くらい前のことです。それで、当時のアメリカは自分にとって経験がない未知のところでしたが、一人でチケットを買って、全部調べて行ったわけです。だから、仲間の死がなければ多分ですけど、そういうふうに飛び越えて何かやろうとはなっていなかったかもしれません。

久木留　そういう過去があったのですね。東野さんはいろいろなところで一歩踏み出してきているじゃないですか。その一歩踏み出す原点は、やはり西さんとの出会いやコーチングしてもらったという思いがあるのですね。

東野　「Do or Die」。生きるか死ぬかという話がありますが、選手たちはそういう思いで、本当にコートで勝つか負けるかをやっているわけです。我々スタッフも同じく、そういう思いでやらなかったら、選手には伝わらないですし、競技の前線で勇気を持って思いきりぶつかれないです。

久木留 そういう思いがある中で、ポジションを任せられたときの協会や日本代表のチームの状態というのは、どうだったのですか。

東野 私が就任したときに抱いた違和感は、いろいろ調べていくとアジアで勝たないと世界には行けないという設定だったのです。これはものすごく違和感があって、これをやっている間は絶対にダメだと思いました。つまり、目標はアジアではないと考えていたのです。就任当時の日本代表は、アジアで10位まで落ちていました。それでどうしたかというと、世界のトップと渡り合うためにはどうしたらいいのか、それができたらアジアは突破できているであろうというふうに変えたのです。そのために「日常を世界基準に」というキーワードをみんなに浸透させなければ、組織が動いていかないと思ったので、いろいろなところで話をするようになりました。

久木留 一方、2014年11月に日本バスケットボール協会は、FIBA（国際バスケットボール連盟）から国際資格停止処分を受けます。そのときの話を伺ってもいいですか。

東野 三つありました。一つめは、二つのリーグがあったということです。二つめが、ガバナンス（組織の統治）がうまくいっていなかったということです。そして三つめが、男子の強化がうまくいっていなかったということです。この三つがその制裁の大きな理由だったのです。それで、2016年9月に二つのリーグが一つになったBリーグが開幕しました。これはもう川淵三郎さんのリーダーシップで、とんでもない奇跡が起こり一つになりました。二つめのガバナンスのところは、今まで関係していた人が一人残らずいなくなりました。協会の職員は残りましたが、意思決定者はほぼいなくなりました。

これはバスケットボール界の改革と言われていますが、実はＦＩＢＡが作ってくれたチャンスだったのです。バスケットボールは２１３カ国で4億５０００万人の登録人口がいて、世界で競技人口が一番多いスポーツです。それで、ＦＩＢＡは日本がもっと真剣にやればもっと変わるだろうと思っていたのです。その中で、２０１９年ワールドカップの中国開催、２０２０年東京オリンピック、そして２０２３年ワールドカップのフィリピン、インドネシア、日本のアジア共催を経て、２０２４年パリオリンピックにつながるという流れがありました。

アジアが注目されている理由は、世界人口76億人のうち59・5％、つまり約6割の人がアジアに住んでいるからです。ＦＩＢＡは、アジアがこのスポーツで本当の意味でアメリカ大陸、ヨーロッパ大陸、そしてアフリカ大陸もそうですが、世界と対等になることは、世界にとって平和という観点でもよいという考えがあります。その中で、日本も頑張れよという話なのです。

久木留　ＦＩＢＡは日本を後押ししてアジアを一つの起爆剤にするということを戦略的に考えていたのですね。

東野　おっしゃるとおりだと思います。ＦＩＢＡが日本にはその可能性があると思ったのですね。可能性はあるのに何もやっていない、それはなぜかということで制裁というかたちになったのです。このガバナンスをきちんとやるうえで、サッカーの川淵さん、大河(正明)[2]さん、バレーボールの三屋さんたちが来られました。ただ、最も重要な競技現場の評価と仕組み作りはどうするかという話で、これが私に託していただいたミッションでした。ただ、私はプレッシャーに感じなかったというと嘘になりますが、これほどまでにワクワクする、やりがいのある仕事はないなと思ったのです。

久木留　プレッシャーの中で、後押ししたものは何だったのですか。

東野　実はチームで頑張ってやればやるほど、もやもやした20年間があったのです。私は日本代表コーチを5年間やって、オリンピックも目指し、自国開催であった2006年の世界選手権のときにもコートに一緒に立っていました。だから、これは普通にやっていては無理だなということはよくわかっていたのです。感覚ではわかっていたのですが、ただ、体系立てて整理ができていなかった。

その後、偶然にも大学院に行くことになるのですが、そこで日本はどうするべきだということを修士論文のテーマにしたいと思っていたところにアルゼンチンモデルと出会うわけです。

注2
Jリーグ常務理事、JFA理事を経て、2020年6月までBリーグチェアマン、JBA副会長を歴任。

モデルを探す——情報はどこにあるのか　アルゼンチンモデルへ

久木留　東野さんがアルゼンチンモデルに出会った、その情報に行き着いた経緯を教えてください。

東野　バスケットでは、1992年バルセロナ五輪からプロ選手の参加が認められました。そこから3大会連続でアメリカが勝ち、2004年にアルゼンチンが優勝しました。その後は、ずっとアメリカが勝っていて、2020年東京オリンピックでアメリカが勝つと4連覇になるわけです。その中で、なぜ、アルゼンチンは勝ったのかと思ったのです。調べていくと、国民の身長が日本とほとんど変わらないし、優勝する前は44年間オリンピックに出ていないということがわかりました。いろいろな文献を読むと、プロリーグができたとか、ゴールデンエイジとフレックスオフェンスの二つで金メダルを獲ったとあるのです。いやちょっと待てよと。フレックスオフェンスも知っているし、日本もゴールデン世代が1回か2回来ているけれどアジアで1回も勝っていないぞと。これは一体何なのだと考えたのです。

久木留　まず徹底的に情報を調べていったのですね。

東野　そうです。やはり根底にリサーチがないといけません。そうでないと、スポーツでも研究が根拠となるようなものになっていかないわけですよ。
日本というのは、アルゼンチンと文化の違いはあるわけです。たとえば、日本の小学校や中学校の部活動ではバスケットボールがナンバーワンです。63万人のピラミッドがあるとしたら56万人、つまり90％が小・中・高の男女です。でも、普及はうまくいっているのになぜ強化がうまくいかないのかというところで、実はアルゼンチンとはまるっきり環境が同じか違うかのどちらかではないかと思いました。私にはそのとき、何が違いで、何をすればどう変わるのかという定規のようなものがなかったのです。だけど、アルゼンチンの研究によって、その定規ができたわけです。だからこそ、スタートできたと思うのです。

久木留　比較対象を見つけたのですね。日本と身長も変わらないアルゼンチンモデルに行き着いてそこからもリサーチを徹底的にして、それをまた研究にしましたよね。ここがやはり大きいですよね。

東野　そうですね。研究に落とし込んで、一つにまとめたうえで、何が大事だったかというと、やはりベクトルがすべて世界に向かっていることでした。子どもたちも、審判も、コーチ・指導者も、それから関わるマネジメントの人たちも、みんなが世界に行くために今、何をしなければいけないのかということに目を向けていたのです。それで、よく考えたら(日本は)誰もこの研究をやっていないじゃないかと思いました。それなのに勝とうと思っても、急にはうまくできないと思ったのです。そのときは、日本に強みも方法論もアイデアもなかったですから。アルゼンチンモデルに出会う前、私はドラえもんのビックライトがあったらみんなを大きくして日本代表を勝たせることができるのではないか、本当にそう思ったぐらいです。

久木留　本当にそう思ったから、身長発掘プロジェクトに行き着いたのですよね。

固定概念の壊し方——世界基準の監督をスカウトする

東野　おっしゃるとおりです。みんなから「ないものねだりをしてはダメ」と言われていたのです。ないものはない、ドラえもんはいないと。では、どうするべきかを考えて、三つのことをやりました。今までチームスポーツと言うと、いつもチームメイトと一緒に合宿して遠征していないと成り立たないと考えられてきました。一つめは、その発想を変えて、世界基準に押し上げることができる監督を探したことです。最初は候補者が30人から6人になり、6人から4人になり、最終的に4人から1人になったのが、フリオ・ラマスだったのです。これがアルゼンチンとつながっていたというだけの話なのです。

久木留　でも、フリオ・ラマスさんと東野さんが初めて会ったのは2011年11月ですよね。そこから2016年のリオデジャネイロオリンピックに候補者30人のリストを持っていき、そこから絞りに絞って最終的にフリオ・ラマスさんに行き着くっていうのは偶然ではないですよね。

東野 偶然ではなく必然だと思います。でも、最初からフリオ・ラマスだと言って行ったわけではありません。これが選択する、決断するための重要な要素の一つだと思います。オリンピックで優勝した外国人コーチを連れてきたからと言ってうまくいくわけではないのです。もしそうであるなら、ずっとそうすればいいわけですが、結局、文化の違いもあるし、いろいろな問題が起きてくるわけですよ。ブラジルは２０１６年のリオ五輪に向けて、２００４年にアルゼンチンが優勝したときの監督を招聘したのですが、結果的に予選全敗（5連敗）でした。いい選手もいてすばらしいチームだったのに1勝もできなかったのです。つまり、優秀で過去に成績をあげている監督を当てがえば、うまくいくとはかぎらないということが、そこではっきりわかっていたのです。

だから、日本にあった監督を探すために世界中を周りました。周囲からは旅行だと言われ続けました。それでも、海外に地道に通って携帯でビデオ撮影をして、それを技術委員会に持っていき、「この人は日本に合うのではないか」、などを徹底的に話し合いました。その中でフリオ・ラマスは絶対に日本に合っていると思ったのです。

そこで、日本のある試合を彼に観せ、どう思うかを確認しようということになったのです。彼は送ったビデオを観ただけでなく、感想と意見をプレゼンにまとめて返してきてくれたのです。それをみて、彼と私はやりたいことが一緒じゃないかと思いました。その後、

4人に絞られたときに全員にインタビューをして、それで彼一人に絞られていったのです。

久木留　フリオ・ラマスさんが「強いチームをコピーしても勝つ確率は低い。やはり日本は日本の"Japan's Way"を作らなければダメだ」と言っていましたよね。

東野　その言葉が最後の決め手です。今でも彼は言っていますけど、私が思っていたことといいバッチリ同じでした。それと、彼の人間の大きさ、人間力が今の若い日本人選手に必ずいい影響を及ぼすだろうと考えました。今後のことを見越した部分で、アルゼンチンでNBA（北米プロバスケットボールリーグ）の選手をコーチングしていたわけですから、今だと八村選手や渡邊[3]（雄太）選手など海外で活躍する選手もうまくコーチングできると思いました。もうあれもこれもできると思いましたが、唯一心配なことは本当に日本に馴染めるかというところでした。ただ、これに対して彼が、東京オリンピックに向けて自身のチャレンジだと言ってくれたので契約に至ったのです。

だから、私はワールドカップ（2018年FIBAバスケットボールワールドカップ2019アジア地区1次予選）で4連敗したときも何もブレなかったのです。首のすげ替えをしてもダメだということがわかっていること、そして地道に階段をのぼるパートナーが完全に見つかっていたことから何も思わなかったのです。

しかしそのとき、実は裏では200席規模の記者会見が用意されていて、「この試合が終わってチャイニーズ・タイペイがフィリピンに勝ったらもうワールドカップは終わりで

注3
2011年、高校生で初めてバスケットボール男子日本代表候補に選出。日本人2人目のNBA選手。2019年ワールドカップ中国大会ではモンテネグロ戦で34得点。W杯で日本選手が記録した得点として歴代最多。

す。多分オリンピックも終わりです。技術委員長が話をする会を用意しておきますので考えておいてください」と言われました。それで試合がはじまってオーストラリアに勝ち、もう奇跡、奇跡、奇跡ですよ。でもそれは信念と絆が成したことです。組織がうまくいくためには選手もそうだし、マネジメントもそうだし、その絆が生まれて、過信ではなく自信になり、本物になっていかないと力が出ないのです。私だけでなく、その周りにいる人たちも含めて、その組織のマネジメントがゼロからだったので、私も心を許せる優秀な人たちを選び、その人たちも一緒にやろうと来てくれたのです。本当にみんな優秀で私は特に何もやっていません。

俯瞰する力――通常の戦略だけでは勝てない

久木留　バスケットボール自体も進化していますよね。たとえば、1992年のバルセロナまでとバルセロナ後、もしかしたら東京までと東京後、どんどん進化していますか。

東野　完全に進化しています。世界のチームは、アメリカに勝つために、平均身長を2メートルにして、さらに機動力を上げて戦うという方策をとっていきました。自国の優秀な選手をどんどんアメリカに送り、そういう選手が戻ってきて一つのチームとして戦うというような方策です。それに対して日本は遅れをとっていて、簡単に言うと、その男子の平均身長は2メートルが世界基準だったところ、日本は190センチで戦っていたのです。さらに相手は、高くて速くて長くてジャンプ力があるのです。190センチの人間が、カンガルーみたいにピョーンって飛べればいいですけど、そんなことはありえませんよね。ところが、現在の日本代表は、平均身長が198センチになっているのです。

久木留　ここがイノベーションだと思うのです。普通に考えれば、190センチから大きくできませんよね。でも、東野さんはそれをそろえたじゃないですか。帰化戦略を使って。

東野　そうですね、帰化戦略を考えました。ただ、最初に行ったのは、海外から戻ってきた選手がすぐにチームでプレーできるようにしました。2006年の頃に田臥(勇太)[4]選手がアメリカのNBAにチャレンジしていた頃は、監督が常にチームとして日本代表で動かないとダメだと言っても、戻ってすぐにはチームに入れなかったのです。その文化を変えました。

二つめが帰化選手を入れたのです。それこそハイパフォーマンススポーツセンターとの兼ね合いで久木留先生にアイデアをもらって、一つの出会いを次へとつなげていったのです。帰化選手についてはチームスポーツではなかなかはいれない部分でしたが、先生のアイデアがリンクして突破できたのです。それがなければ突破できていなかったと思います。

久木留　そんなことはないと思います。ただ、具現化するために、いろいろな働きかけをしましたよね。

注4
Bリーグ、宇都宮ブレックス所属。高校時代には世界ジュニア選抜に選ばれた。2004年、フェニックス・サンズの開幕ロスターに入った日本人初のNBAプレーヤー。

東野 ものすごくしました。先生に言われたとおり、バンバン動きました。私は「クラッシャー」なので、行動力はあります。

やはり自国開催のオリンピックということと、チームスポーツがこの東京大会に何かをレガシーとして残さなければならないという話があると思うのです。1964年のときは、新幹線や代々木第一体育館ができたとかいうけれど、今回は以前ほどハードが多くない。もちろん、地下鉄のトイレをきれいにしてバリアフリーにしたとかはあります。

では何かと言うと、超高齢化社会になってきて、みんなで手をつなぐことがどんなに大事かと考えたときに、チームスポーツが横で連携することが重要ではないかと思うのです。バスケットボールは6~7年前は混沌としている状態だったけど、優秀な人たちが心を一つにして手をつないでくれてやったらなんか幸せになったっていうのはいいじゃないですか。

久木留 でもすごいです。言うのは簡単ですけど、なかなかできないことですよ。

東野 それは、バスケットボールをやってきた人たちがみんなそう思っていた、あるいは意思があったのですよ。実際に内なる炎はいっぱい持っていたのです。

久木留 最初の就任会見のときに、「劇的な変化がないと2020年はオリンピックに出られない。それまでの40年間、出られなかったのだから」というのは、ものすごく重い言葉だと思います。でも東野さんほどではなかったかもしれないし、同じぐらいだったかもしれないですが、一歩踏み出せない人たちはいっぱいいたわけですよね。そういう人たちの想いも、その流れに入っていったのですかね。

東野 この40年間、ずっと岩を叩き続けていた方々がいたのです。割れない、割れないと言いながらも、いろんなところを叩いてくれていたから、少しずつヒビが入っていたのです。

やはりどう見ても、これは僕一人でやったのではないのです。意思決定者がいて、マネジメントの人がいて、いろいろな人がいらっしゃるのだけど、組織にとって、強化トップの仕事というのは潤滑油なのではないかと思っています。この若さで今までそのポジションになった人はいないわけです。技術委員長というポジション自体が初めてのことですけど、私自身は責任を感じるし、それはプレッシャーでしかないですよ。

だからこそ、そういうのをいつも自分の念頭に置いて、みんなが本当に動きやすくしようと心がけました。そうすると、チームスポーツや組織に何が起こるかと言うと、化学変化が起きるのです。人が人を呼び、そして人が喜ぶと、もう片方も喜ぶわけです。渦のように動かすために、好循環にさせるためのきっかけ、つまり起点、分岐点というのはあったと思います。だからその起点をどう動かして、どこにどう持っていくかというのが、アルゼンチンモデルだっただろうし、監督を選んだことだったかと思います。三つめがこのように流れを作ることだったのです。だから、私は常に潤滑油なのです。でも、椅子に踏ん反り返って座っているだけの人だったらこうはなっていないと私は、正直思います。

久木留　そこはすごく大きくて、チームを作るときに、スキルコーチを集めたり、フィジカルコーチを集めたり、いろんな人を集めてきましたね。テクニカルハウスは、いろんな競技団体でも作られています。ただ、これをまとめていくという作業が、どの競技団体においてもすごく困難だと思うのです。

東野　そのあたりをちゃんと言ってくれるというのは、さすが久木留先生です。私は、これだけの部会があっても、なるべく5分でも10分でも部会にも出ようとしています。インターハイもとんぼ返りですけど、1日だけでも行きました。その後、男子の合宿に行き、今は女子の合宿です。でも、それをやらなかったら必ずひずみが出ると思います。本当にそう思っています。でも、そうするとどうなるかというと、休みがなくなります。

久木留　そこはすごくよくわかります。もちろんフィールドの現場が一番の現場ですけど、いろいろな現場があるじゃないですか。審判の人たちは審判の現場があるし、オフィスの人たちはオフィスの現場があるし、そこにやはり惜しみなく足を運んでいくことがすごく大事ですよね。

東野　そうです。私たちの裏側には、多くの国民のみなさまがいて、影響される人がいます。たとえば、この広いテーブルがバスケットボールのテーブルだとすると、小学校のここを教えているコーチは、役割が違うだけで、私たちと同じようにバスケットを愛して、やっています。だからこそ、私のようにバスケットボールの強化にたずさわる者は、そういうことも理解して物事を動かさないとうまくいかないのです。

久木留　なんとかしたいという人たちが、みんな一つになりはじめているのですね。

東野　はい。その火をつける係の人がいて、八村選手が救世主で、そういう流れを引っ張っていく人がいて、その火をつなげていくという仕事が私だったのかもしれません。

久木留　そこまで考えていても、東野さんは海外に旅行に行っているなど批判をされていると先ほどおっしゃっていました。それが聞こえてきても全く何とも思わなかったですか。

東野　２０１６年の5月から技術委員長の仕事をはじめているのですが、私は一切の休みを取っていません。フィジカルな休みは午前中とか午後とかありますけど、気持ちの休みは一切ありません。私はそれぐらいのことやっているつもりでいるし、だから何ら気にすることはないです。

久木留　おもしろいですね。その辺は東野さんの強さですね。

世界基準化を目指して——日常を世界水準へ

久木留　今度は、やりたいことをどうやってやるかということをお伺いしたいと思います。東野さんの修士論文を読ませていただいて、アルゼンチンの強さに、普及、発掘、育成、強化、そして養成とありますが、私が考えてこなかったのは、審判の養成の部分です。この部分は大変、参考になりました。東野さんが日常を世界基準にとよくおっしゃいますが、その中でもこの五つ、普及、発掘、育成、強化、養成はやはり大きく関係していますか。

東野　関係していますね。養成は指導者と審判の二つがありますが、これらを世界基準にするための話をして、それを基に実行をしています。実は、バスケットボールの世界では、審判が選手自身のプレーをうまくするということまで言われているのです。だから、審判の笛一つで試合が曖昧になってしまうぶん、これは選手をどううまくさせるかというところにもつながるので、コーチとの共同作業で相互に影響し合っています。

ただ、チームスポーツだと審判というのは少し閉塞的で、親しく関わってはいけないなどと言われていて、日本バスケットボール協会でも技術委員会とは別に審判委員会が並列であるのです。それで、審判委員会委員長の宇田川（貴生）さんと、とことん世界基準という話をしました。日本でのプレー映像を一緒に観て、本当にこれで選手が世界に出て試合をやったときに勝てるのか。今、日本で吹かれている笛をどう思っているのか。審判の方々に聞いてください、という言葉をぶつけました。もちろん審判には、審判の決まりの中でやらなければいけないこともあるのです。ただ、宇田川さんは、我々のその言葉を本当に理解してくれて、実行してくれたのです。

２０１６年9月からBリーグがはじまりました。Bリーグは年間60ゲームあります。加えて天皇杯やポストシーズンもあります。世界の中でもこれだけの試合数をやっている国は少ないわけですよ。これは、審判の養成に、ものすごくプラスになっています。

もう一つの指導者養成は、S級ライセンスを作りました。その当時、JリーグがS級ライセンス制度をはじめていて、よいところは学び、改善すべきだと考えたところは独自の方法で進めました。最初、バスケットでは2週間受講をしたらS級暫定というかたちにして、暫定でもBリーグのコーチにはなれるけど、外国人のトレンドも含めて毎年ずっと勉強をしなくてはいけないという方法を取ったのです。そうでないと、日常を世界基準にはできないと思いました。そして、外国人コーチも、たとえばNBAやNCAA(全米大学体育協会)、日本より上位の海外ナショナルチーム、あるいは海外のクラブチャンピオンチームなどのコーチ経験やFIBAライセンスの保有者など、五つの基準を設けてそれがないと入ってくることができないようにしました。そのときに、「日本は頑張らないといけない」と言って、フリオ・ラマスと契約するときにもいろいろなアドバイスをくれた親友であり、FIBAのスポーツディレクターであるゾラン・ラドビッチさんの協力で、FIBAと連結して、毎年よいコーチを送ってもらえるような方策にしたのです。国内でコーチ養成制度を作り、よいコーチを育てます。

一方で世界レベルのコーチを招聘することができるようになりました。これによって、コーチ間に競争が生まれました。それと同時に、代表合宿だけでうまくなるとは思わなかったので、そこにいる選手たちが毎日その世界基準の中で戦うという365日計画を作成し、日常を世界基準にすることを推進していきました。

久木留 なるほど。発掘・育成、強化の話も、やはり試合をしないと勝てないですね。その意味でもリーグ戦文化がないとダメですよね。そのために、アルゼンチンモデルを見つけたのですね。やはり、自分で一歩踏み出してアメリカの次にアルゼンチンまで行った。そして1週間滞在期間を延ばし、ラマスさんたちのカナダ遠征までついていく中でアルゼンチンを一つのものさしにして、自分の中に基準を見つけてきた。それが、東野さんの原点なのですね。そして今、それを超えていこうとしていますよね。

東野 そういうことです。何しろ、成長曲線という話をしましたけど、みんながどんどんアイデアを出しつつ戦い、さらによくなっていこうと実行しています。そこで、日本バージョンの "Japan's Way" をどう作っていくかというのを、この技術委員会の落としどころにしてリニューアルを繰り返し取り組んでいます。

私は久木留先生と出会ったことで、実はハイパフォーマンスという言葉をバスケットボール界でも取り入れようとしています。普及、発掘、育成、養成、強化、そしてハイパフォーマンスを加えたのです。ハイパフォーマンスとは何かというと、エリート教育なんじゃないかということで、「エリートプログラム」というのを作ったのです。

私は「一気通貫」という言葉を使っています。上が突き抜けると、どんどん裾野も広くなりますよね。だから普及が停滞していたけど、突き抜けると同時に伸びるし、スポンサーももちろん大事ですから、好循環が生まれるというものです。どこに向かうかというと、普及、育成、発掘、養成、強化というのがさらにエネルギーを持って、ハイパフォーマンスがまたさらに好循環を生むことになります。私はこれを16歳、18歳、20歳、22歳と細分化して、すべてのコーチやメディカルの人たちがここに関わり、ずっと順繰りを繰り返し、一つうえに上がっていくことでハイパフォーマンスにつながるのではないかと思ったのです。ただ、ここは1~2年ではうまくいきません。オリンピックまで残された日々は決まっていますが、こちらもやらなきゃいけないということで取り組んでいます。ハイパフォーマンスの中で、何をやらなきゃいけないかをいつも考えています。

久木留　やはり世界基準ですね。下の年代にいいものをどんどん与えていくためには、トップがまさにハイパフォーマンスじゃないと、一気通貫の教育ができないですよね。

東野　そうなのです。私はバスケットボールでも、レスリングや卓球などのエリートアカデミーのように8歳とか10歳の子をハイパフォーマンススポーツセンター（HPSC）に連れてきて、寄宿舎制の育成と強化ができないかなと思ったのです。ただ、バスケットボールは、チームスポーツであり、レスリングや卓球などと違う部分が多いです。そこで、部分的ではありますがバスケットボールでは、HPSCを使った合宿形式の育成と強化において世界的に突き抜けたことを提供できる場所にしたいと考えています。ここに来れば各年代の選手やコーチが、さまざまな経験と知識を得られることを目指しています。そうなればチームスポーツのエリート教育ができるのではないかというのが、現在、私が考えているハイパフォーマンスへの方法論です。

久木留 これがしっかりできてくると、もっと裾野が広がりますよね。いいものが下の世代に落ちていきますね。

東野 おっしゃるとおりです。日本の体育館には武道館以外、おそらく98％ぐらいはバスケットボールのリングがついています。だからみんながバスケットボールをしたことがあります。体育の授業でもやりますし、みんなボールを入れたことがあるのです。それがハイパフォーマンスにつながっていくと、もっとすごい選手が出てくるのだろうと思っています。

私の任期は、もしかしたら東京2020大会で終わりかもしれません。これは自分がやりたいと言っても、私が選ぶことではできないですし、それは構いません。でも私は初代技術委員長として、描いた戦略を継続させて残さなければならない点は譲れないところです。だからこそ、今お話していることを確固たるものにしたいと思っています。「東野は短期のことをやっている」と言われますが、そうではなく、この普及・発掘・育成・養成・強化・ハイパフォーマンスの基盤づくりこそが私がやりたいことなのです。

久木留 最初に方法論がなかったと言っていましたが、今、その方法論を作っているのですね。理論と方法論がないと組織として継続していきませんから。

東野　おっしゃるとおりです。今まで誰もバスケットボールでメダルを獲るなんて言っていませんでしたが、これこそがメダルを取る方法だと思うのです。それをユニークにシシニクの法則（44年振りにオリンピック出場）と呼んで、いつ、何時、どうするかみたいな話をしているわけです。

久木留　それはおっしゃるとおりだと思います。日本にはアルゼンチンの成功例がありますからね。

東野　今、ゴールデンエイジが生まれるのは10年周期ですけど、これが5年周期になって重なったら、そのときがおそらく日本がメダルを獲るときなのです。それは近々ではないです。でも、実は今、34歳の竹内（公輔・譲次）という身長2メートル6センチの双子の選手[5]がいるんですけど、渡邊選手や八村選手とワールドカップや東京オリンピックで一緒にプレーしています。

この44年間うまくいかなかったけど、アルゼンチンの理論を学び、2016年にプロリーグができて、2回目の東京オリンピックを迎えます。だからプロリーグができた12年後の2024年パリオリンピックに、自力で出場するチャレンジをしてもいいのではないかと思っているのです。今、私たちはプロリーグができることで、チームスポーツがどう変わるかというのを日本として考えなければいけない時期だと思うのです。

私は2024年のパリオリンピックにも日本のバスケットボールが出られると思ってい

注5
高校時代から注目され、大学卒業後、兄の公輔選手はプロチームのアイシンシーホースへ入団、現在は宇都宮ブレックスで活躍。弟の譲次選手はプロチームの日立サンロッカーズへ入団し、現在はアルバルク東京で活躍。兄弟二人とも2020年度日本代表チームメンバーに選出されている。

ます。NBAの八村選手のCMで「信じられないことは、信じることから生まれる」ということが放映されていて、誰が作ったのかわからないですけど、私も共感しています。信じられないことを本当に信じられるようにこうやっていろいろ作ってきたのだけど、今回、44年ぶりにオリンピックに出られることになりました。だから、私はこれを「Fate」、つまり運命だと呼んでいます。運命があるのだから、それに対して今、何をするかを逆説的に考えていくような方法論はどのようなものかというところに行き着くわけです。

久木留　ところで、バスケットボールでもさまざまなデータの可視化をすることで、まさに強化の効率化につながっていくと思います。そういう意味で、バスケットボールでも分析時に、テクノロジーやGPSを使いますよね。他のチーム競技と同じく、いろいろなものを導入していますか。たとえばトラッキングシステムとか、NBAがやっているものとか、そこにもアンテナを張りますか。

東野　どんどん導入しないとダメです。専門の人たちもいますし、たとえば、共同研究のもと、AIを活用した映像分析システムなどを作ろうという話とかもあります。ただ、今あるものとの優先順位があるので、そこはもっと、久木留先生などにもお伺いしつつ進めていきたいと思います。あとは、東大バーチャルリアリティー（VR）教育研究センターにおけるシューティングゲームの映像活用の話があるのですが、そういうところともうまくつながっていかなければいけないとは思っています。

久木留　私自身はコーチングしていくときに選手とのギャップを埋める目的で、ビデオを導入し、分析を取り入れました。映像分析によって可視化（見える化）することで、選手の理解の速度が上がり効率的に競技のレベルが上がっていったのです。

東野　それは間違いないです。百聞は一見にしかずとはよく言ったもので、我々もそう思っています。バスケットボールは人生の縮図だと言われます。5対5の中で個人がバラバラでプレーをしたら力が出ないけど、一つにまとまると力が発揮できます。でも、思ったとおりにはいきません。だからこそ、それができたとしたら、ああこうすればいいのだと理解をして、それが美に変わり、感動に変わるのです。これこそがスポーツです。テクノロジーを使って可視化して、今までできなかったことができるようになる。だから妄想を現実にするための方法論が、テクノロジーなどを使った可視化なのです。

久木留　可視化については、今後テクノロジーがさらに進化していきますので、楽しみですね。

　我々はハイパフォーマンススポーツをフィールドにしています。今日、話をしてもらったことは、社会の中でも多くのヒントがあると思います。ただ世の中的には、メダル、メダルということに対する批判もあります。だけど、ハイパフォーマンススポーツでメダルを獲ることで普及も進むのは間違いないと思います。

東野　やはり相互関係のもと影響し合っているので、そのことでスポーツが繁栄するのが大事だと定義づけたならば、それこそオリンピックでメダルを獲ることが4年に一度だけのことではなく、スポーツというものが日々の生活の中で、人間関係とか運動することも含めて、トータル的なことの中で語られていく必要があると思います。これこそが我々がいま自国開催のオリンピックで示していかなければならないことですし、それをほんの少しでもいいから、何かのちょっとした変化になっていけば、私は次につながると思います。

スポーツができることは、お互いが助け合うとか、手を差し伸べるとか、ほんのちょっとしたことかもしれませんが、でもこのちょっとしたからすべてがはじまります。

1980年代頃は、親が子どもに「外でばかり遊んでないで、早く家に帰ってこい」と言っていたのが、今は「家の中にいないで外に行け」と言われる時代になりました。今、スポーツがどれだけ重要かということです。スポーツの流れをきちんと作ることができたら、少しかもしれないけど世の中を変えられると信じています。

だからこそ、くじけずにやり続ける。やり続ければいつかそうなる。方法論を持ってやり続けるしかないですよね。やり続ける、これこそが世界に誇れる日本人の持っている能力です。それも、信念を持って方向をぶれなくやり続けることです。

いつも私がリーダーとしてイメージしているのは、みんなが同じ船に乗っていることです。そして、船に乗っている人が一人でも落ちないようにしなければならないということがまずあります。その中に、ハワイに行きたい人と、熱海に行きたい人がいると、それでは困るので、やはりこっちに行きたいのだというリーダーシップを発揮することが重要です。それから、一緒に船に乗っているのだから、仲間意識を持ってもらえるような組織にすることというのが私はやはり大事だと思います。

久木留　すごく理解できます。最後に東京オリンピックがあって、メダルのことはいろんなところで言われていると思いますが、東京大会が決してゴールではない中で、東野さんは大会後のビジョンを描かれていますか。

東野　明確に描いています。ビジョンに描いたうえで、いろいろな人に出会い、影響されつつ、人から学んでいます。でも、大事だなと思うものは残しつつ、今、何をすべきなのかを自分に落とし込んでいます。東京大会後、２０２２年、２０２４年をどうするのか。今のポジションではないかもしれませんが、それを思ってやれたら、悔いはないと思います。スラムダンクに「断固たる決意」という言葉がありますが、とことんやるという気持ちです。とは言え、勝ったり負けたりもするので、そこがまだまだ私の未熟なところで、パーフェクトじゃないと思っています。

久木留　これまでいろいろなところで結果を出してきていますし、間違いなく変わると思います。本当に、日常が世界基準というのは、私もそう思っていましたし、今も思っています。

東野　最近は、言葉遊びじゃないですけど、世界基準とは何かという研究もはじめています。世界基準という言葉を簡単に使っているけど、指導者養成でコーチを教える人たちが考える世界基準とは何か、小学生の世界基準とかはあるのか、何が世界基準かを答えられるのかとか、いろいろな話をみんなでしているうちに、それを探したら、何をすればいいのかがもっとわかるのではないかと思っているのです。

久木留　バスケットの競技人口は、日本、世界ともに一番多いです。そこで世界一になったら本当に話題になりますよね。

東野　そのときまで生きていたい。でも、簡単なことではないです。日本は、現在ＦＩＢＡランキングで48位です。私は甘くないと思っています。そんな簡単にいくわけがないというふうに思いつつ、期待している自分を持ちつつ動いているという感じです。だから、それは自分の中で楽しみにしておきます。

「改革」を支えた三つのポイント

◉固定概念を壊す

東野さんはバスケットボールに関わる歴史の検証と、類似性を徹底的にリサーチすることで目指すべきモデルを探すことができたのでした。それはハイパフォーマンススポーツという分野であっても、その他の分野であっても、歴史を紐解き過去の事実から学ぶことの重要性を教えてくれました。

ゼロから新しい何かを生み出すことは困難です。ただ、世界の中には、きっと参考になる情報があるのです。それを丁寧に一つひとつ探していくことが重要なのです。そのうえで日本独自のスタイルを創り上げていくことが必要です。そのためには、バスケットボールという世界一競技人口の多いスポーツで日本は勝つことができない、身長が2メートルを超えていないと世界で戦えない、世界トップクラスの監督を連れてくるなんて夢のまた夢だなど、固定概念を持っていては何も変えることはできないことを東野さんは行動で示し、一つひとつ壊していったのです。

◉イノベーションを生み出す

自国の資源（ヒト・モノ・カネ・情報）を徹底的に考え、理想のモデルと比較を繰り返すことで、日本式の強化方法"Japan's Way"を生み出すことができたのです。さらに、スポーツという枠にとらわれず方法論を探すことが重要なのです。

平均身長１９０センチを、いきなり２メートルにはできません。そこで簡単には申請が承認されることではないものの、法律で認められている外国籍選手に帰化をしてもらうことで、課題を克服していったのです。帰化は法律で認められたものです。ただ、簡単には許可が下りないのです。そこで、さまざまなコネクションを使って帰化させることに成功し、課題を克服していきました。スポーツという枠を超えて、やりたいことをやれるようにする。そこには日本のバスケットボールを何とかしたいという強い想いと愛情があるからこそ知恵を絞り出せたのです。

◉日常を世界基準に

競技力を向上させるためには、代表チームだけを強化しても決して世界に追いつきません。東野さんは、モデルにしたアルゼンチンの強さを普及、発掘、育成、強化、そして養成にあることを説きます。さらに、養成には指導者と審判の二つがあることを示してくれました。どの競技においても、指導者養成が大切であることはよく言われています。しかし、審判の養成が強化につながることを示唆している競技は少ないのが現状です。

ただ、多くの審判のレベルが世界基準になれば、練習や試合でのゲームが最高の強化になるのです。なぜならば、よくこんなことを言っている人たちがいます。なぜ、そこでプレーを止めるのか、その判定はないよ、なぜファール取らないのかなど、バスケットボールに限らず審判に対する批判は後を絶ちません。これらのことからもレベルの高い審判の養成は、大切な強化であることが理解できます。

このように代表チームだけでなく、関わるジュニアの発掘と育成、さらに、そのための競技の普及、コーチと審判の養成、そして、これらに関わるスタッフをすべて世界基準にすることが必要なのです。それが日常を世界基準にすることなのです。

〈対談を終えて〉

私は20年以上、日本のハイパフォーマンススポーツの強化と育成に関わってきました。その中で、どうすれば常に世界のトップグループに日本が入り続けられるのかを考えてきました。柔道、レスリング、競泳、体操、陸上、卓球、バドミントンなど個人競技は世界のトップクラスです。一方、チーム競技は２０００年以降のオリンピックにおいて、メダルを獲得したのは、わずか２回です。２０１２年ロンドン大会の女子バレーボール（銅メダル）と女子サッカー（銀メダル）のみです。他の競技は世界で勝てませんでした。

選手は努力を重ね、監督やコーチは家庭を犠牲にして強化合宿に時間を費やし、世界中を周って情報を収集し分析を行い、戦略を立てていました。それでも結果は出ませんでした。

現実は厳しく、女子バレーボールがメダルを獲得するまでに7大会、実に28年もの歳月を必要としました。しかし、次大会ではメダルに届かなかったのです。

ワールドカップで優勝し、ロンドンオリンピックで初のメダル（銀）を獲得した女子サッカーは、次大会であるリオデジャネイロオリンピックでの優勝を目標として掲げていましたが、予選で敗退し、オリンピックに行くことはできませんでした。ハンドボールは男女ともに、2度目の東京大会に開催国枠での出場です。しかも、男子は1988年ソウル大会以来32年ぶり（1年延期で33年ぶり）、女子は1976年モントリオール大会以来44年ぶり（1年延期で45年ぶり）のオリンピック出場なのです。

その他、ホッケー、ラグビーなどチーム競技が同様の結果です。ただ、どのチームも努力をしていないわけではありません。

オリンピックの創設者であるピエール・ド・クーベルタンは、オリンピックは参加することに意義があると言っていました。しかし、参加しているアスリートやコーチたちは、最高の舞台で世界の代表と戦い負けてもいいとは思っていないのです。みんな勝ちたいのです。しかし、結果は伴いませんでした。

なぜ、結果が出なかったのでしょうか。なぜ、勝てないのでしょうか。なぜ、目標が達成されないのでしょうか。そこには、必ず何らかの原因があるはずです。そのことに向き合わない限り、同じことを繰り返すでしょう。

東野さんとの対談で、私は以前から持っていた答えに確信を得ました。強化合宿や特定の時期だけ必死で頑張っても、それは1年間、4年間のうちどれだけの時間を費やしているのか。強化合宿以外の、日常のトレーニングはどういう状態なのか。国内の試合レベルはどうなのか。選手やコーチ、そして関係者の取り組みすべてを変える必要があるということなのです。

世界との差を詳細に分析し、明確にしたうえで、何をどれだけやるのかを決めて「日常を世界基準」にしない限り、描いた計画は夢物語で終わります。それを実践したから男子バスケットボールは、44年ぶり(1年延期で45年ぶり)に自力で東京オリンピックへの道を切り開いたのです。

日本のバスケットボールと、それを支える東野さんの活躍をもう少し見ていきたいと思います。

第5章

「挑戦」

――個の戦いで世界に負けない／理想の探求

世界一のハードワークを求めて

２００９年の夏、ナショナルトレーニングセンターに、レスリング男子日本代表合宿の視察で二人のラグビー関係者がやってきました。一人はかつて東芝府中監督としてトップリーグ３連覇を成し遂げた薫田真広さん（当時）と、日本ラグビーフットボール協会ハイパフォーマンスマネージャー（当時）の岩渕健輔さんでした。

その日、私はレスリングの代表コーチとして練習を一緒に見ながら合宿の意図や技術展開、体力トレーニングなどについて細かく説明していました。なぜ、二人は競技の違うレスリングを視察しに来たのでしょうか。今では日本でも決して珍しくありませんが、当時は他競技を視察することは一般的ではありませんでした。その中で二人がレスリングに興味を持ってくれたのは、当時からレスリングのトレーニングが、とてつもなくハードでタフだと評判だったからです。

当時の男子日本代表合宿は、１９８８年ソウルオリンピック金メダリストの佐藤満強化委員長の下で、科学的根拠に基づくハードトレーニングを掲げて早朝の基礎体力トレーニングから乳酸、心拍数、タイムなどのデータを駆使して行われていました。さらに測定の結果を可視化し、選手を納得させたうえでとことん追い込むことを探求していました。

ラグビーはレスリングや柔道のように階級制でないため、肉体と体力、技術の優劣が勝敗に大きく影響を与える競技だと思います。そのことを当時、誰よりも感じていたのが薫田さんと岩渕さんだったのです。このときも、世界レベルのハードワークの必要性を語ってくれました。二人ともワールドカップを含む日本代表選手としての経験を多く有していましたし、世界との差を誰よりも身を持って理解していました。

私が最も印象的だったのは、二人とも食い入るようにレスリングのハードトレーニングを見ながら、「ここまで追い込まなければいけませんよね」「やっぱりハードワークは必要ですよね」と、私に静かに、そして確信を持って語りかけてくれたことです。

私は岩渕さんがレスリングの視察に来てくれたことがきっかけで、さまざまな場で話をするようになりました。特に私がイギリス留学に行く前には、貴重な情報を提供していただきました。岩渕さんは、イギリスのケンブリッジ大学大学院への留学経験があり、さらに修了後にはイギリスのプロラグビーチームとフランスでのプレー経験を持っている稀有な存在でした。

そんな岩渕さんに今回の対談では、日本代表として活躍していた華々しいキャリアを一旦おいて、なぜイギリスに渡ったのか、そしてそこで経験したことが今、どのように活かされているのかなど、これまで思っていた疑問をぶつけました。彼から聞くイギリスの話は、ただ単にラグビーという競技だけでなく、その後ろにある文化的な違いを含めて、とても奥深く印象的でした。さらに、これまでに明らかにしていない視点で個の強さの必要性、チームの強化、そして世界一のハードワークなどについても、お話を聞くことができました。

Interview

世界への挑戦

絶えず見直す

カンファタブルに馴れない

公益財団法人日本ラグビーフットボール協会　専務理事
博士(医学)

岩渕 健輔　Iwabuchi Kensuke

青山学院大学在学中に日本代表初選出。卒業後、神戸製鋼に入社。ケンブリッジ大学に入学しオックスフォード大学との定期戦に出場。ブルーの称号を得る。イングランドプレミアシップのサラセンズ、フランスのコロミエ、7人制日本代表選手兼コーチなどを経て2012年日本代表のゼネラルマネージャー、2015年ワールドカップ、2016年リオオリンピックの強化責任者。選手として1999年ワールドカップ、1997年・2001年7人制ワールドカップ出場。現在は、専務理事、男子セブンズ日本代表ヘッドコーチ。白鴎大学特任准教授を務める。

世界で戦いたい

久木留　岩渕さんの競技団体でのポジションは、２００９年から２０１１年までハイパフォーマンスマネージャー、その後ゼネラルマネージャー（以下、ＧＭ）、７人制の総監督、男子の監督、そして今度は、専務理事を兼務されていますね。一つ教えていただきたいのは、ご自身では、それぞれのポジションで何が一番違うと感じられていますか。

岩渕　基本的にやることは同じだと思っています。結局、「勝つ」という目標に向かって、どういう方法を選択して実行するかというところは全部一緒です。そういう意味では、特に役職は気にしていません。ただ、一方で専務理事は、強化のこと以外にもやるべきことはたくさんあります。そこについては、多少の違いを感じることはありますね。当然今回のラグビーワールドカップが日本で自国開催するということと、東京オリンピックもあるので、やはり強化以外のことがかなり多いです。

久木留　なるほど。そういう中で、ＧＭのときもそうですが、「マインドセット」を一つのキーワードにしてきていますね。

岩渕　そこは、ハイパフォーマンスマネージャーの頃も今も変わらないですね。基本的には、代表チームの強化をしているときも、今も世界一の協会（以下、ユニオン）になるという目標を立ててきました。当然、世界一のユニオンは何かということはいろいろとあると思いますが、やはりその目標を立てて、そこに向かって何をしていかなければいけないかというところは一緒です。試合に勝つということと、そう変わりません。

日本のラグビー協会の中には、やはり「いや、そんな世界一になるというけれど」というスタッフは当然たくさんいます。だけど、代表チームとユニオンのどちらが早く世界一になるのかと言ったら、やはりユニオンが世界一にならないと、代表チームが世界一にはなれないと思うのです。それは、指導者が先か選手が先かみたいな話と一緒なんです。日本のラグビーが置かれている現状や選手の能力などいろいろなことを考えていくと、やはり指導者やユニオンが先に(世界一のレベルに)行かないといけないのではないかと思っています。

久木留 そこはすごく大事なところですね。岩渕さんも私も、日本オリンピック委員会(以下、JOC)や日本スポーツ協会(以下、JSPO)、もちろん日本スポーツ振興センター(以下、JSC)を含めて、いろいろな統括団体などにも関わっていますよね。統括団体などは、競技団体や選手に頑張れと言いますよね。ただ本当は自分たちも、もっと頑張らなければいけないと思うのです。

岩渕 そうですね。そこがやはり一番大事なことではないかと思いますね。

久木留 岩渕さんがハイパフォーマンスマネージャーを任されたときのことを教えてくだ

さい。

岩渕　1990年代は大学ラグビーの全盛期でした。早明戦は6万人もの観客が集まりました。その中で、私も青山学院大学の選手として、対抗戦グループを戦いましたが、そこでも2～3万人が集まっていました。そんな中で、第1回のラグビーワールドカップがはじまると、世界への扉が開きました。まだこのときは、やるのかやらないのかというレベルでしたが、日本も一応そこに招待されたのです。

その一方では、サッカーのJリーグが開幕しました。それまではラグビーの方がサッカーより、メディアへの取り上げられ方や集客数という点ではかなりの差で多かったのが、だんだん追いつかれてきます。その後、第3回の南アフリカ・ブルームフォンテーンの悪夢と言われた、ニュージーランドに100点差をつけられて負けたゲームで、日本と世界との差が歴然としていることが明るみになります。

つまり、私がハイパフォーマンスマネージャーを任されたときは、日本のラグビーはやはり危機的な状況だったと思います。私はそれをものすごく自覚をしていました。ただ、周りは、そうでもなかったでしょうね。やはりワールドカップに4年に一度行っては、負けてを繰り返していました。だけど日本以外のところで開催されていましたし、ラグビーファン以外は、ここまで盛り上がってはいなかったのです。日本でラグビーを応援してくださる方が、仮に100万人いるとしたら、それは人口の1％以下です。そうすると、学校で1クラス40人の教室には1人もいないわけですよ。3クラスを集めてやっと1人ぐらい出てくる計算になります。それで、海外でワールドカップが開催されて、日本が勝った、負けたと言っても、ほとんど誰も気にしていないのです。もちろんラグビーを好きな人はたくさんいてくださるけれど、人口比で言えばそういう話です。そういう意味では、ラグビーの関係者の中に危機感を持っている人も当然いたと思いますけど、やはり空気感としては危機感は共有されていなかったと思いますね。

ただ、2009年に、日本でのワールドカップ開催が決まり、2013年にはオリンピックの自国開催が決まりました。そこがやはり大きくて、2011年のワールドカップでもやはり同じように負けたのですが、2015年にワールドカップ、2016年オリンピックを控える中で、要はその先のホームゲーム(自国開催)は、もう決まっているわけじゃないですか。その前に、結局ワールドカップに行けない、あるいは行ってもゼロ勝で、オリンピックも行けないみたいな話だと当然、盛り上がらないですよね。だから、そういう意味ではやはりワールドカップとオリンピックが2019年、2020年に日本であるというのは、その危機感を現実のものとしてくれたのではないかなと思います。

久木留　なるほど。それはやはり大きいですよね。そういういろいろなことを経て、2015年のラグビーワールドカップで3勝し、また盛り上がってくるじゃないですか。でも、その一方で、やはりラグビーが一時的に人気になって、その後、また少し下がっていくということに、さらに危機感を持ちましたか。

岩渕　２０１６年のリオオリンピックから帰ってきた空港で持ちましたね。そのときは4位で、オリンピックのボールゲームの中で一番成績がよかったわけですよ。でも、誰も褒めてはくれない。２０１５年のワールドカップではベスト8にも入っていないけど、3勝して帰ってきたらものすごく温かく迎えてくれたわけですよね。だけど一方で、オリンピックの成績のほうがラグビー界としては過去最高なのに、我々がリオから帰ってきたら空港には誰もいないわけです。そのときはまだオリンピックの途中で、多分、女子レスリングと水泳と体操が、ちょうどメダルラッシュだったのです。だから、空港には誰もいないし、そうなんだよなと思いましたね。

久木留　4位と3位は本当に違いますよね。でも、みんなが本当にそれを感じていましたか。

岩渕　ラグビー界は全然感じていないですよね。私は当事者ですし、選手たちやスタッフは、4位でメダルを獲れなかったという喪失感も当然ありました。ただ、ワールドカップとオリンピックの両方に行った選手はそんなにいないのです。でも一人、福岡（堅樹）選手だけ、両方に出ました。それはもう全然違うのがわかるんですよ。だから、それを知っているのは、福岡選手と私とアナリストだけですね。その両方に関わって、両方の違いを自分が肌で感じたということはとても大きかったです。

久木留　岩渕さんは、そういう危機的な状況の中で、ＧＭを引き受け、今回も専務理事を引き受けました。その中で、東京オリンピックの7人制も勝負ですよね。そのときに、総監督だけではなくヘッドコーチを引き受けている。自分の中で、決意というのはありますか。

岩渕 そうですね。やはり、そもそも自分が海外に行くきっかけになったのが、世界で戦いたいという気持ちがすごく強かったのです。当時、自分が大学生のときに日本代表に選んでいただいて、日本代表として海外に行ってプレーをさせてもらいましたけど、そのときに、このまま日本でやっていても絶対勝てないなと思っていました。

久木留 私はそこが、他の人とは違うなと思ったのです。むしろ、岩渕さんの原点ってそこにあるのではないかと、ずっと思っていました。当時、ラグビー人気がまだ続いている中で、神戸製鋼に入って続けていれば、まだスター選手で日本代表でもずっといけたのに、世界に向かわせたのは何だったのですか。

岩渕 自分がずっとラグビーをしてきて、小さいころから憧れていたのが、やはりその海外の大きな大会ですし、海外の選手たちと戦うことでした。香港セブンズとシックスネイションズ（ヨーロッパの強豪6カ国が参加する国際大会）が自分にとっても一つの大きなポイントでした。それともう一つは、やはりラグビーがプロじゃなかったので、最初からラグビーで生活として生きて行くというつもりは全然なかったのです。今はこうして、仕事としてやらせてもらっているし、それはすごく幸せだと思います。でも当時は、全然プロになるという頭はなかった。プロとしてとか、ラグビーで生きていくのであれば、やはり国内に残ったほうが絶対正解だったと思います。当時は、インターネットもないし、海外の情報もないし、そうすると海外に行ったら単純に忘れさられるし、仕事もなくなるし、保証もないし。そういう意味ではやはり神戸製鋼に残った方がいいし、もし残っていたら違う人生だったと思います。ただ一方で、幸か不幸か結果的には、ラグビーが世界の波に飲み込まれることになったわけですよね。そういう意味では、今は自分がやってきたことは活きていると思いますし、海外に行っておいてよかったなと思うことが凄くありますね。

やりたいことをやるために——イギリスで見つけた理不尽との戦い方

久木留　それは、まさに時代とマッチングしていますね。私が1年間イギリスにいたときに教えてもらった言葉に、"thinking ahead" というのがあります。つまり半歩先を歩けということなのです。でも、それが、2歩、3歩先だと時代と合わずに早すぎるじゃないですか。この時代と歩調を合わせた中で、半歩先を行くというのがとても大切だと教えてもらったのです。1995年頃から世界のラグビーがプロ化の流れになりますが、そこと、岩渕さんが渡英した頃はマッチングしていますよね。

そこで、私がおもしろいなと思ったのは、岩渕さんが青山学院大学で政治学を専攻し、ケンブリッジ大学で政治哲学を専攻していることです。ここは、いろいろな話をしていくときに、ものすごく自分のプラスになっていないですか。

岩渕 はい、とてもプラスになっています。

久木留 そうですよね。ケンブリッジ大学で、それを学んできたというのはすごく大きいですよね。それで、その過程で、政治学を学びながら、ケンブリッジ大学のラグビー代表チームであるブルー（称号）を得るために、まさにリアルポリティクスを学んでいくわけです。そのときに、岩渕さんはスタンドオフにこだわった理由は何ですか。自分のポジションだったからですか。

岩渕 いいえ。やはりそこのポジションでレギュラーにならないと、自分が行った意味がないと思ったのです。結局、勝負をしに行っているので、当然11番、14番、15番で試合に出るという選択肢はありましたが、そこはもう全然最初から考えていなかったし、スタンドオフのポジションで、そのチームのレギュラーを張るのが、やはり自分にとっての勝ち負けの最初のところでしたよね。

久木留 なるほど。世界の中で勝負をしに行って、そこが勝ち負けにこだわった最初ということは、やはりここが原点ですよね。

岩渕 そういうことです。結局、自分が認められなければならないわけです。私はたまたまラグビーでしたが、特にチームスポーツの中ではやはり認められないといけない。

私がちょうどイギリスに行ったときの一番直近のラグビーワールドカップで、日本は145点とられているわけです。だから、私は、「145点をとられている国から来ているやつ」ですよね。私の母国のラグビーについてみんなが知っていることは、145点とられたことだけです。そんなやつが、という話からスタートするわけです。

それで、どんなプレーするんだ、まあ見てやろう、うまいじゃないかと。ただ、お前は足が速いからウイングだとか言われるわけです。でも、そこでも曲げないで絶対にスタンドオフだと考え、いろいろと作戦を練りました。イギリスは、4つのネーション(イングランド、ウェールズ、スコットランド、北アイルランド)があって、実際は同じイギリス人同士でもめちゃくちゃ凄い戦いがあったのです。ですからケンブリッジ大学でのレギュラー争いは、イギリス人以外もいましたから、国籍とか人種とかあからさまでした。つまり、そこがリアルポリティクスで、おそらくあのときの2年間が今の私を作ってくれたと思います。

私は日本では、外から見ればかなり温室育ちです。小学校からずっと大学まで同じエスカレーターに乗り、仲間も一緒だから、まあ、簡単な話、そんなにそういう争いはないわけですよ。もちろん、大学で入ってくる選手もいますけれど、もうずっと同じ仲間なので、それはもういい世界ですよね。楽な世界、いわゆるカンファタブルな世界です。だけど、私がイギリスに行った世界は、全くそういう世界じゃないわけですよ。みんなが自分のポジションを獲りたい。

久木留　私はここがとてもおもしろいと思ったのです。ご本人がどう思っているかわからないですが、岩渕さんは天才だと周りからよく聞きます。でも、岩渕さんは、話せば話すほど、ものすごくものごとを考えているのが理解できる。それは、カンファタブルな世界で、のほほんとやっただけじゃなくて、やはり世界で勝ちたいというのがあって、もがいてきたのですね。

岩渕　そうですね。だから、一緒に過ごしてきた周りの仲間はみんないい人たちだったし、ありがたい環境でした。でも一方で、国内では、たとえば高校での日本代表にもなっていないし、花園もいけなかったし、自分自身は結構、負けてきているわけですよ。私が過ごしてきた周りは、みんな同じように生きてきているから、やはりそこに対してハングリーさをどのぐらい持てるかどうかというのは、すごく大事だったと思います。それが多分、家庭の環境とか、あるいは出会った先生とか、わりと世界に目を向けるように指導してもらったように思います。それが大きかったですね。コーチや先生が、やはり自分の過ごしてきた中だけではなくて、外に出ることをある意味ですごく推してくれていたし、親も、もちろんそうでした。

久木留　なるほど。そこから今度はプロになり、サラセンズで5年間やって、そこでの競争もありましたよね。二人しか外国人枠がない中で、またどうやってやるのかを考えますよね。国籍を変えるとか、いろいろ策を練るじゃないですか。このイギリスでのプロ生活の5年間は、間違いなくものすごい競争だったでしょうね。めちゃくちゃだったのではないですか。プロで食べていけない可能性もあったでしょうし。ここも原点でしょうか。

岩渕 そうですね。ここで、本当の世界の競争の中に自分がいられたし、世界のトップとされる選手たちと一緒に時間を過ごすことができました。一流の指導者達にも会えたし、それはやはりものすごく大きい財産ですよね。

久木留 岩渕さんは、プロ生活でケガも負っていく中で、ウエイトトレーニングもやっているし、ハードトレーニングがすごかったとおっしゃっています。以前、岩渕さんが全日本レスリングの合宿を見学にナショナルトレーニングセンターのレスリング場に来ましたね。そのときに練習を見ながら、「やっぱりハードな練習は絶対にやらなくてはならないですよね」と熱く語っていた真意を、当時の私はわからなかったのです。でも、今、ご自身のイギリスでの体験から来ているのだと理解しました。

岩渕 それはすごくあります。当時はインターネットがなかったので、日本のラグビー界にある情報というのは、月に1回発売されるラグビーマガジンの片隅に掲載される海外の情報ぐらいだったのです。そこにはどういうことが書かれているかと言うと、「オールブラックスは週に2日しか集まらない。あとは自主練だった」とかなんですよ。それでも、強いと書かれていた。まあ、表面的ないいことしか書いていないわけですよ。それで、海外に行くじゃないですか。全然、そんなことはないのです。朝は7時から練習です。当時、私たちのヘッドコーチが南アフリカの代表(通称：スプリングボクス)キャプテンで主力選手だったピナールという人だったのです。南アフリカはかなりハードに練習をやるのです。一概に、エディー・ジョーンズがやっていた練習と比べることはできないのですが、世界では、そんな練習がもう20年前からなされていたのです。

久木留 そうですよね。世界のレベルが全然違ったという話ですね。でもそれをいち早く、1995年のときからずっと体験して、自分で観察し、身を置いてやっていたことが岩渕さんの原点なのですね。もう一つの原点として先ほどポリティクスの話が出ました。ワールドラグビーでは、国ごとのカテゴリーをTier 1、Tier 2、Tier 3と分けています。Tier 2に振り分けられている日本が、Tier 1に上がるために必要なのは、ルールではなく完全にポリティクスですよね。

岩渕 はい。ルールじゃないからやはり難しいです。アングロサクソンの世界があり、ヨーロッパはアメリカとも違い独特ですね。そこも戦わなければならないのです。

久木留 ありがとうございます。次にやりたいことをどのようにやれるようにしていけたのかというところをお伺いしたいと思います。岩渕さんをみていて、やはり資源の探し方がすごく上手なんじゃないかと思うのですが、ご自身でも、ヒト、モノ、カネ、情報を意識していますか。

岩渕 していますね。特に、いつ、どこで、どうなるのかわからないので、それはかなりいろいろなところで気にしながら進めています。たとえば今、自分がラグビーの中で置かれているポジションで、どう助けてもらうのかということではありません。来年、再来年、もしかしたら自分はレスリングという違う競技に関わるかもしれないのです。そういう意味では、自分で何か幅を決めて、こういう人とか、こういうモノが必要というのではありません。どんなことでも、どんな人でも、いいところはあると思うのです。ですから、それを常に見つけるようにしたいなと思うようにしています。

久木留　なるほど。いろいろと調べていると、岩渕さんの分析力がすごいのではないかと感じていますが、ご自身で情報と分析をすごく意識していますか。

岩渕　意識しています。今の協会の仕事もそうですし、チームの強化の仕事もそうですけど、結局のところ、現状をどうやってみるのかということと、自分たちが行くところ（ゴール）をどうやってみるか、そしてその差をどう考えていくかということなのです。そこの部分で、最初に見誤ったら、もう全く上にはたどりつきません。だから、いかに正確な分析をするかというのは何よりも大事だと思っています。

久木留　歴代の代表監督をなされた宿澤（広朗）[1]さんや大西鐵之祐[2]さんたちが行ったトレーニングや戦術を集めて分析してきたのは、必然的に探していったのですか。それとも偶然ですか。

岩渕　必然です。自分では、ラグビーの世界では基本的にほぼすべての代表チーム、ラグ

注1
1950年-2006年。元ラグビー日本代表監督。一方で、三井住友銀行取締役専務執行役員コーポレートアドバイザリー本部長を務め、金融界においても実績を残した。

注2
1916年-1995年。元早稲田大学教授。元ラグビー日本代表監督・早稲田大学ラグビー部監督。「展開・接近・連続」を掲げた戦術で、オールブラックスジュニア（U-23）を破り、世界を驚かせた。

ビー以外では個々の指導者の人たちがどういうことをやったのかとか、世界中のユニオンはどういうことをしたのかということについてはかなり調べました。

久木留 お話を聞いていて、岩渕さんたちが2015年ワールドカップでやろうとした方向性と、2016年オリンピックでのセブンズも接戦して勝つと考えたことと共通点があると思います。それは、さきほど言った宿澤さんとか大西さんたちが分析し尽くしてスコットランドやオールブラックスジュニアに勝ったときと似ているなあと思ったのですが、いかがですか。

岩渕 そうですね。基本的に、歴史が繰り返されることは、はっきりしています。これはラグビーだけじゃなくて何でもそうだと思うのです。たとえばですけど、強化を任された最初のときは4年間でしたけど、その短期間で結果を出そうとすると、やはり自分が知らないことを1から経験したら間に合わないわけです。でもそれを経験しないでできる方法というのは、やはり歴史を学んで、分析をすることだと思うのです。それはやはり貴重な財産だし、それをどうやって自分のものにして、限られた時間の中で足りない時間を埋めるかっていうことだと思っています。そういう意味では、同じ球技のサッカーはよく観ます。オランダ、FCバルセロナ、グアルディオラ[3]などが実践しているトータルフットボールはとても参考になるので徹底して観ますね。共通点は必ずありますから。

久木留 なるほど。その中でやりたいことをどうやれるか、こうやればいいということは

注3
ジョゼップ・グアルディオラ・イ・サラ。元スペイン代表。FCバルセロナ、バイエルン・ミュンヘンなどで活躍。2016年よりプレミアリーグ、マンチェスター・シティFC監督。

簡単です。しかし、岩渕さんはリアリスト（現実主義者）ですから、言葉でいくらいいと言っても結果が悪ければダメだという考え方を持っていますね。日本人は、文脈に美徳を感じる傾向がありますが、岩渕さんは違いますよね。それはやはりイギリスの影響ですか。

岩渕　そうかもしれません。結局のところ、いくら練習でいいと言われても、試合に出なかったら何の意味もありません。すべてがそうだと思うのです。特にラグビーにおいては、日本の人が覚えている試合は接戦で負けた試合なのです。要は勝ったことがないからなのです。だけど、たとえば、レスリングでも柔道でも覚えているのは、やっぱり勝った試合ですよね。もちろん、世紀の誤審みたいなのもありますけど、基本的に覚えているのは勝った試合だし、北島（康介）[4]さんが水泳で2位になったシーンは覚えてないけど、オリンピックで2連覇したのはみんな知っています。だから、日本人も文脈は好きだけど、結局のところ、覚えているのは、やはり結果なのです。（野球の）長嶋さんみたいにずっと何十年も百何十試合をやり続けてはじめて記憶に残るわけです。たとえば、レスリングも柔道も、ラグビーも個人がナショナルチームで何十年もやるというのはないので、そうなるとやはり結果でしか人の記憶に残ることは無理ですよね。オリンピックでラグビーが4位になったのなんて誰も知らないですから。

久木留　そこは選手のときは多分、一生懸命にやるだけでいいと思うのです。でも、指導者やGM、今度の専務理事もそうだと思いますが、チームを作る側は、やはりリアリスト

注4
2000年シドニーオリンピックに初出場し、4位入賞。2004年アテネオリンピックでは100メートル・200メートル平泳ぎで金メダルを獲得。2008年北京オリンピックでも両種目で金メダルを獲得。ロンドンオリンピックで4×100メートルメドレーリレーにて銀メダルを獲得。

でなければダメだと思うのです。なぜならリアリストは、目標と現実をきちんと分析したうえでギャップを埋めることができるじゃないですか。そこはやはり意識していますか。

岩渕　していますね。

久木留　なるほど。でも、一人でやれることは限られています。岩渕さんは、協力者をどうやって集められていますか。

岩渕　自分がこういう役職についたから誰か連れてきたかというと、実はそんなことはないのです。今まで協会にいなかった新しい人を入れたかと言えば、誰一人入れていません。今は、これまでにいた人たちでやっています。

久木留　それは先ほどのヒト、モノ、カネ、情報で、どこにどういう人がいるかをだいたい自分で把握されているということですか。

岩渕　はい。そうですね。もちろん、どこかのタイミングで新しい人を入れるということもしていかなければいけないと思います。でも、今の協会にとっては、私が新しい人を3人連れてきて、こういう方針でバンバンとやるというよりは、今のやり方がいいのではないかというふうに思っています。もちろん、時期というのもあると思います。

久木留　組織を変えていくときに、いろいろな人を自分が連れてきて、一気に変えるのがいいと思われることもあるじゃないですか。それは、変に波風を立ててやりにくくするということでしょうか。

岩渕　それは、いいこともあれば悪いこともあると思います。チームと一緒だと思うのですけど、一番はやはりそこにいる人間が自信を持つようになることとか、変わっていくことだと思います。

久木留　なるほど。そのために岩渕さんが大事にされていることは何ですか。

岩渕　一つには、コミュニケーションだと思います。

久木留　岩渕さんの場合、英語やフランス語が流暢ですから言葉の壁というのはほとんどないと思います。ただ、それでもうまくいかないときもありますよね。そういうときも積極的に話していったほうがコミュニケーションはとれますか。

岩渕　時と場合によります。タイミングとかもあると思います。基本的には会話をしなければ前には、進めないとは思っています。

危機感——理想の追求　ここちよい場所に留まらない

久木留　なるほど。チームのまとめ方という点では、外国人を含む専門集団で定期的に何かやっていることはあるのですか。

岩渕　個別にコミュニケーションをよくとるようにしています。私は、信頼関係をどう構築するかということがあるから、コミュニケーションをとるのだと思っています。信頼関係があれば、結局コミュニケーションがなくてもわかり合えるわけですよね。結局、それは私がイギリスで一番思ったことです。試合中に私が何を考えているのかわからないけど、足が速いからとりあえず外に行かせておけとなるわけです。でも、逆に私が真ん中に入っていくことになれば、やはり私が信頼されなきゃダメですし、私が信頼しなきゃダメなのです。そういうことが、自分がイギリスで一番学んできたことではないかなというふうに思います。日本チームで言えば、外国人が少数なわけですから、彼らのことをやはりわかってあげなきゃいけないし、それを彼らもわかるようにならないといけないと思います。

久木留　なるほど。これは当たり前のようですけど、すごく難しいじゃないですか。だから私はなおさら、岩渕さんはイギリスですごくそこのところを感じてきたのだと思ったのです。岩渕さんは、全く知らない人からすると、結構、順風満帆に見えたりすると思いますが、心が折れたりすることはないですか。

岩渕　基本的にないですね。やはり、イギリスの時間が大きかったのだと思います。今は日本ラグビー協会で専務理事というポジションでやらせてもらって、代表チームにも関わらせてもらっていて、もちろん大変なこともいろいろあります。だけど、やはり言葉が通じなくて、自分の存在が145点からはじまっているイギリス留学時のことを考えると、自分はここにいたらもうダメなんじゃないかな、っていうことばかり思います。それというのも、日本にいたら自分のことは、元日本代表選手だったとか、エディー・ジョーンズと一緒にやっていたとか、専務理事だとか、そうやってとらえてもらえるわけですよ。よくないことを言われることは当然あるけれども、そうでないことも多々あるわけですよね。逆に言うと、私はいつも自分が、今がカンファタブルな状態すぎるのではないかと思っています。だから、今はたまたまこういうポジションを任せてもらいましたけど、オリンピックが終わったら、ラグビーの仕事から1回離れないといけないと思っていました。やはり、岩渕健輔というところから勝負していないわけですよ。元日本代表とか、あの人は2015年のときにこういうことをしたとか、そういうところから見てもらうわけで、要は、名刺があるわけですよ。だからそこじゃないところに早く行かないといけないな、というふうには思っていますね。

久木留　だから、岩渕さんって政治学で修士号をとって、医学で博士号をとって、次の準備もしっかりやっているのですね。

岩渕　そうですね。準備というか、最初に日本から出るときは、そうやって生きていくとどこかで決めたのだと思うんですよね。昔は、それこそある意味カッコつけて、もう選手として終わったら日本には戻ってこないで、ラグビーに関わらないで生きていくというふうに決めていたんですよ。でも、イギリスやフランスで会った人のラグビーへの接し方をみるうちに、ああ、すばらしいなと思うところがあったので、自分が何か日本で少しでもできることがあればという願いもあり、今はやらせてもらっているんです。だから、こんな幸せなことはないと思っているのです。一方で、逆にそれでいいのかなっていうことはいつも思っています。

久木留　それを聞いてあらためて思ったのは、岩渕さんは、カンファタブルですごくいい状態だから危機感を持っているのですね。

岩渕　だから怖いですね。そんなのはいつまでも続かないし、今の仕事がいいとか悪いとかじゃなくて、それはもうさっさと早く違うことをしたほうがいいんじゃないかなという怖さの方がありますね。

久木留　なるほど。私が準備という言葉を使ったのは、自分の時間を使い、いろいろな可能性をきちんとものにして、それをまた使ってやり続けていかないと、たぶん最後におっしゃった危機感を打破できないのではないかなと思っているんですね。

岩渕　そうですね。プロの選手になったとき、チーム内に洗濯のスタッフが二人から一人になり、勝った負けたで入ってくるお金が違うことを経験しています。でも、ヨーロッパ選手権にいけなくなると、かなり大きなお金が入らない。そうなると食事のメニューが変わるとかを、自分でやはり経験してきたわけです。そうすると、自分自身がそういう世界で生きていくうえでの危機感はいつもあるし、逆に言うと、自分がいつも何か勝負できるものを持ち続けていないと、やはりいつかはダメになるのではないかと思っています。

久木留　貴重な経験ですね。最後の勝負できるものを持ち続けるというのは大きいですね。

個人で勝負できないとチームでも勝負はできないですものね。チーム力でなんとかなるなんて思っているのは、現実を知らなすぎますよね。

岩渕　そうですね。今やそういうふうには絶対にならないです。

創造力——ラグビーの進化に伴う判断力の幅

久木留　ラグビーという競技は、世界と日本の中での進化の現状はどうですか。

岩渕　フィジカル的には間違いなく進化しています。ある意味、ゲームの構造的にも進化はしていると思います。ただ、一方で進化しているからこそ、ゲームがかなり画一的なかたちになってきています。フィジカルな進化に戦術の進化がそこまでついていけない感じですよね。だから、チーム間の差がなくなり戦術も似てきます。

久木留　そうするとラグビー自体が似てくるということですね。たとえば、岩渕さんたちがリオオリンピックでやったことを、ニュージーランドがやったりするということもあるんじゃないですか。そういうふうになってきますか。

岩渕　そうですね。フィジカルがかなり優位になってくると、判断力とか、いわゆる即興性とか、そういうものがなかなかゲームの中では出なくなっていますね。方向性として、判断することの幅を狭くしていって正解を導き出すようになっているんですよね。昔は行ってこい、と言って選手を送り出す。あとは選手がやってくる、みたいな極端だったのが、今はかなりの枠を決めてその中で判断をさせるみたいなところがある。だから、一個一個のプレーでも、たとえば、ボールを持ったらパスをするとか、蹴るとか、行くとか、こいつにパスをするとか、かなりの選択肢があるわけですよね。その選択肢の幅をある意味で決めてしまって、右か、左か、行くかしかなくす。そのときに正解に近いオプションをとればいいというふうにしている。そうすることでリスクは少なくなるし、不正解ではなくなっていくわけですよね。だから、ラグビーには15人制のユニオンと13人制のリーグというのがあるのですが、リーグにかなり似てきています。

ジャージーなんかも、私が選手のときは、襟を中に入れていつも怒られていました。ラグビーは紳士のスポーツだと。その頃のラグビーは、ストッキングを上まで上げて、襟をちゃんと出してというのが美徳とされていました。襟を出しておくと、襟を掴まれるわけですから、私は襟を中に入れていたのです。そうしたらものすごく怒られた。でも、今のジャージーを見ていただくとわかるのですが、襟がないのです。それが、どこからのヒントなのかといったら、ラグビーリーグ（1チーム13名）は襟がなかったのです。

諸説ありますが、簡単に言うと、ラグビーリーグはまずおもしろさを追求する。つまり、エンターテインメントなのです。だから、要はアメフトにかなり近い方向性で、それこそマードックがお金を出してプロ化していったのです。そうすると、競技としてどんどん進化するので、スクラムがおもしろくない、ラックがおもしろくない、ボールがどこにあるのかわからないとなって、それで、人数を少なくしてよりわかりやすいスポーツに変えていったのがラグビーリーグなのです。今はラグビーユニオン(1チーム15名)も、かなりそれに近くなっていっています。

久木留　なるほど。おもしろいですね。ラグビーユニオンというのは、2019年に日本で開催されるワールドカップのスタイルで、15人制ですね。一方、ラグビーリーグというのは岩渕さんが説明してくれたとおり13人制で、より速い展開を重視したイングランド北部を発祥とするスタイルですね。

たまたま私がイギリスにいたときに、ラグビーリーグのワールドカップをやっていたのです。それで私がいたラフバラ大学でイングランドチームが合宿を行っていたので観に行ったのです。そのとき、確かにスクラムがないのだと思ったのを想い出しました。

岩渕　そうですね。一応あるのですけど、もうただのかたちだけですね。押し合ったりはしないのです。

久木留　でもおもしろいですね。判断力に幅があったのが、進化とともにだんだん狭まってきていて、現状ではフィジカルが高まって、戦術が限られてくるというふうになっているということですね。その中で先読みをして日本が対応して変わっていかなければならないですよね。これはもういろいろと手を打っているのですか。

岩渕 ラグビーの進化ということでは、協会としてはかなり遅れていると思います。技術委員会がずっと存在しているのですが、そこがそういうかたちで進めなければならないと考えていて、協会の中でもいわゆるリサーチ＆イノベーション（研究開発）をやるところをしっかり作る必要があるというふうに言っています。これまでも勝田（隆）[5]先生とか、河野（一郎）[6]先生とかはずっとそういうことを言ってきてはいたのですけれど。協会では、やはり人とかいろんな問題でそこに全然手をつけられてこなかったのです。

久木留 では、ルールも含めて、ここをテコ入れするというのが、次へのステップですね。

岩渕 はい。そうですね。

世界一のハードワークの先に見えるもの

久木留 これまでの岩渕さんのいろいろな取り組みを拝見すると、テクノロジーの活用もとてもうまいと思います。GPSを活用したり、櫓を立てて俯瞰してグランドをコーチが見渡せるようにしたり、ドローンを飛ばしたりいろいろと工夫をされていますね。これは専門部隊がいるのですか。

岩渕 専門部隊はいます。でも、そこがやはり少し弱いところで、代表チームには一人以上が必ずいるのですが、先ほどの技術委員会じゃないですけど、それをまとめてしっかり

注5
スポーツ科学博士。コーチング、スポーツ戦略、スポーツインテグリティ研究の第一人者。元高校ラグビー日本代表監督、日本代表テクニカルディレクター、強化委員長、理事などを歴任。現在、日本スポーツ振興センター理事。

注6
医学博士（医師）。筑波大学名誉教授。元日本アンチドーピング機構会長。元日本スポーツ振興センター理事長。JOC理事、日本ラグビー協会理事及び強化推進本部長などを歴任。現在、東京2020組織委員会副会長。

とやっていく必要があると思っています。

久木留　なるほど。サッカーで言えば、テクニカルハウスみたいなものですね。では、生化学的なサポートはどうですか。

岩渕　そこが一番難しいところですね。やはり、チームの指導者やドクターの考え方にもよるので、協会としてやるというよりは、チームとしてやるというスタンスがすごく強いです。

久木留　なるほど。生化学の活用というのはコンディショニングに関わってくると思います。岩渕さんがGMだったり、ハイパフォーマンスマネージャーをやるときに、データがいくらあっても、どういうパフォーマンスをしたいのかという根底になる考え方がないと、そのデータは使えないですね。

岩渕　はい。それが一番だと思いますね。結局、やはりどういうラグビーをするのか、どういうチームを創るのか、ということがポイントになってきます。たとえば、アナリストがフラストレーションを抱えるのは結局、自分たちがやっていることが使われないということですよね。それは、コーチがデータの使い方をわからないのか、あるいはアナリストもどういうふうにデータを使うのかと考えずに出してくるかという両方でいつも問題が起きるのです。

先ほどの生化学もそうですけど、指導者がラグビー以外のところをよく理解して、ラグビーを強くするためにそれがどれくらい重要か、というのをわかる必要があります。ラグビー界の指導者は、数字をどうやって使うのかというところが、まだまだうまくないですよね。

久木留　これは日本のスポーツの課題だと思います。岩渕さんのようにずっとそこに着目している方は、そこの大切さを理解しているから世の中とマッチングするんですよね。よくデータドリブン（データ活用）と言われますが、それはあくまで手法なので、使う側がどうしたいか、それがない限り多分使いこなせないですよね。

次に、チームを作るという点で、アルゼンチンの話をお伺いしたいと思います。アルゼンチンは、1999年のワールドカップで準々決勝に進み、2007年に3位になります。ここに着目をしましたか。

岩渕　はい。それはもうすごくしましたね。特に、1999年のときは自分が出場していたワールドカップで、1997年には僕らアルゼンチンと戦って勝っているのです。そういう意味では、自分たちとほとんど変わらないようなレベルだったのです。それで、私がイギリスでプレーしているときも、アルゼンチンの選手たちも結構、来だした頃だったのです。ちょうど、2000年前後ですね。同じイングランドのリーグにも、フランスのリーグにも、アルゼンチンの選手がたくさんいました。だから、この先アルゼンチンが強くなるというのは、はっきりしていましたし、日本がなかなか難しくなるというのもはっきりしていましたね。

久木留　私がいろいろ調べても、アルゼンチンのことは、もちろんTier 1に入っていることはわかりますが、あまり取りざたされていない印象を受けます。岩渕さん以外にも、そういうことを言っている人はいますか。

岩渕　言う人はいますけど、そこに深く入っていく人はあまりいないですね。そもそも、なぜアルゼンチンがTier 1かという話なのです。それは結局のところ、イタリアもそうですが、ワールドラグビーの主要メンバーであるアングロサクソンたちとうまくやったという話なのですね。

久木留　なるほど。よく理解できました。

岩渕さんは現状を分析したうえでビジョンを描かれますね。その具現化に向けて人選をしていくときに、エディー・ジョーンズを選んで、ジェイミー・ジョセフを選んで、他の人たちも選んでいきましたよね。ただ、世界的に有名だからと言って、日本にフィットするか、適合するかはわからないじゃないですか。ここはどうやって適合させていったのですか。

岩渕　そうですね。そこは、一番難しいところだと思います。いいところについては、すぐにわかります。最後に私は、逆によくないところがどういうところかという方に着目しますね。いいことは放っておいてもいいのですが、逆によくないパターンが気になります。

日本が、そのよくないパターンと、どのようにうまくできるのかということです。たとえば、エディー・ジョーンズの場合は、指導力はすごくありますけど、その性格とか、強さが、ほかの国では受け入れられないということが、よくないわけですよね。要は三角ではなく、大きなバツがあると。でもそこは、逆に言えば、対策が打てるのだったらいいと思うのです。エディー・ジョーンズのときにとった対策は、たとえばですけど、日本人であれば我慢できるのではないかという期待感と、女性のメンタルコーチをうまく活用することをしました。

久木留　なるほど。そこはやっぱり適合のところで苦心されているのですね。それと、岩渕さんの著書を読んで、「ジャパン・ウェイ」のことも理解できましたが、ハードワークも、ただエディーが言うから、考えているからではなくて、岩渕さんの思いがあるということが理解できました。プライドを持ち、現状分析をもとに、ビジョンを描いて、計画を立てて進めていくというのは、言うのは簡単ですが、これをやり続けることはすごく難しくないですか。

岩渕　そうですね。ただ、この中で一番大事にしていたのは、本質のところです。企業は利益を追求するけれども、利益を追求し続けるだけでは、企業としての価値がなくなったり、存在感が出ないことはあると思うのです。つまり、利益の先にあるものを求め続けなければならないと思うのです。それが本質ですし、それが多分企業の理念だったりすると思うのです。我々が大事にしたのも、やはり同じところなのです。私は、一番大事なところは、ラグビーでも、ナショナルチームでもそこだと思っています。代表チームは勝たなきゃいけない、メダルを獲らなきゃいけない。でもそれは、あくまでも目標であって、本当に達成したいものや大切にしたいものというのは、その先にあるものだと思います。それがチームとしての理念であり、ユニオンとして理念なのです。

久木留　なるほど。それは、実は本当にすごく大事ですよね。

岩渕　私は一番大事だと思いますね。そうでないと、スポーツとしての価値はないと思います。要は、メダルを獲ったらいいのかっていうことじゃないっていうのは、それはもうみんなわかっているのです。もちろんメダルを獲ったらそれはすごいことだし、すばらしいことではあるけれども、じゃあスポーツが果たして本当にそれだけで未来永劫いいのか、というと、そういうことではないと思うのです。

久木留　スポーツだからこそ、そこの理念の部分を大切にして、そこを徹底してチームに練り込んでいくのですね。だから、この「ジャパン・ウェイ」の本質というのがあるのですね。よくラグビーを知らない人たちは、日本代表に外国人を多く入れることに批判的な意見を言いますね。しかし、ルールには、代表チームに外国人を入れる基準が記載されています。確かに外国のチームは、ニュージーランド人とオーストラリア人の区別は難しいですよね。そういうことを考えたら、やはりこの理念さえしっかり構築できれば、いろいろなものをブレイクスルーできます。ただ、これを知識として知ったからと言って、じゃあできるかと言ったら、できますかね。

岩渕 難しいと思いますね。だからこそ、本質を考えなきゃいけないと思うのです。先生がおっしゃられたように、これはもう間違いなくただのフレームワークなので、そのとおりにやったらできるかと言うと、やはりそこに一番大きな落とし穴がある。ハードワークとか組織プレーとかありますけど、それはそのチームが大切にしたものであって、それを全員が大事にする必要もないし、そのチームが何でそれを大事にするのかということを知ったうえでやることが大切です。だから、表面的なことだけど、先ほどのオールブラックスが週2回しかチーム練習をしないよ、という話と一緒なのだと思います。

久木留 まさに、本質を知って、そのうえでフレームをうまく自分たちで考えて、再生して進めていくことが大事だということですね。エディー・ジョーンズからジェイミー・ジョセフへと監督が変わりました。そこで日本協会としてはプロジェクト型で、集中的に合宿を100日から100数十日にどんどん延ばしていきました。でも、それだけではなく、やはりシステム型にしなければいけない中で、セブンズと15人制っていう矛盾もある。そういう中で岩渕さんは、中間型、ハイブリット型っていう話をされているじゃないですか。これはどの辺まで進んできているのですかね。

岩渕 この4年間、特に15人制で言えば、システムはスーパーラグビー（南半球の国のチームが参加する国際大会）に参戦して、そこが間違いなく今の代表チームにとって価値だっていうのはみんなわかってはいました。ただ、スーパーラグビーへの参戦は、この先、続かないのでそこをもう一度作り直さなければならない状況です。いわゆる国際的なパスウェイがしっかり構築していないので、そこをどう考えるのかというのが、本当にあと1、2年の勝負だと思いますね。

久木留　なるほど。長い時間ありがとうございました。今後のワールドカップや、２０２０年東京大会も楽しみにしています。東京大会は私の中では多分、岩渕さんの集大成かなと思っています。メダルをしっかり獲っていただいて、その次のステップの勝負できる場所に移っていくのも楽しみにしています。

岩渕　はい。よろしくお願いします。

「挑戦」を支えた三つのポイント

◉世界への挑戦

スマートでクール、知的な佇まいが岩渕さんのイメージではないでしょうか。何をやるにもそつなくこなし、泥臭い現場とは乖離したエリートの匂いがするのも特徴的な岩渕さんですが、実は一つひとつのスマートな行動の裏には、それを支える本物の経験があったのです。

小さい頃に本物である香港セブンズやシックスネイションズを観て世界に憧れ、そこから日本代表まで登りつめ、世界と戦う経験をしました。さらなる高みを求めてラグビー発祥の地であるイングランドに留学し、そこで受けた人種や国籍の違いによるリアルポリティクスが、岩渕さんの泥臭くても自分が目指すべきものは絶対に勝ちとる、という気質を磨いていったのです。

その結果、ケンブリッジ大学で自分が目指したスタンドオフ（10番／司令塔）でレギュラーになり、イギリスとフランスのプロリーグで活躍するという得がたい経験をしたのです。

自らの世界への挑戦があるからこそ、代表チームがどうあるべきなのか、協会（ユニオン）がどうあるべきなのかを描けるのだと思います。

◉絶えず見直す

２０１５年のラグビーワールドカップまでは代表合宿を多く組み、徹底的に鍛え上げていきました。その結果、予選リーグで世紀の番狂わせと言われた強豪の南アフリカに競り勝ち、３勝をあげたのでした。ただ、その強化方法は一過性のプロジェクト型であり、ワールドカップで決勝リーグを目指すためには、さらにもうひと工夫が必要だったのです。

次に理想として掲げられたのは、スーパーラグビー参戦、トップリーグの発展、ザ・ラグビーチャンピオンシップへの参戦であり、これらをラグビー界の日常に取り入れるシステム型の強化だったのです。しかし、これらは協会内部の課題や協会を取り巻く環境要因によって具現化できませんでした。そこで、岩渕さんたちが考えたのが、前述の二つを合わせたハイブリッド型の強化策でした。

岩渕さんは、これを軌道に乗せて「ジャパン・ウェイ」にするためには、世界一の協会(ユニオン)になる必要があると言います。代表チームとユニオンのどちらが早く世界一になるのかと言ったら、やはりユニオンが世界一にならないと、代表チームが世界一にはなれないと考えているのです。

代表チームを見直し、システムを見直し、そして組織を見直す。絶えず世界一になることを目標に見直しを続けることが必要なのです。

◉カンファタブルに馴れない

人間は誰でも心地よい状態が気持ちよく感じ、居心地のよい場所を好むものです。ただ、カンファタブルな状態は人の成長を止めてしまう可能性があります。そのことを自らの経験から肌で感じ取るセンスが岩渕さんにはあるようです。

よい状態はいつまでも続かないことを、身を持って経験しているからこそ、次の準備をしておく。できそうで、なかなかできないことだと思います。ただ、その根底には、「岩渕健輔という個で勝負したい」という思いが強いことも理解できました。

ただ、個人で勝負していくためには、さまざまな準備も大切です。組織で働いているとき、多くの人は気づいていませんが、組織に守られているのです。それが、プロスポーツの世界であれば、結果がすべてであり、責任はすべて自分にあります。よって、自分の実力や可能性を伸ばし続ける努力を怠ってはいけないのです。

カンファタブルな状態を抜け出すために岩渕さんは、ラグビー界での活動の次を見据えて、ケンブリッジ大学大学院で政治学の修士号を取り、国内で医学の博士号を取得したのだと思います。

〈対談を終えて〉

岩渕さんとの対談では、常に世界との差を意識していることが理解できました。つまり、比較の対象が世界であり、世界の中で日本がどの位置にいて、そこで勝ち上がるためには何をどれくらいしなければならないのかを考え続けているのです。

私は国立スポーツ科学センター（ＪＩＳＳ）センター長、ハイパフォーマンス戦略部部長などの職に就き、毎年各国のハイパフォーマンスディレクターたちとカンファレンスなどで会い、会議やミーティングで情報交換を行っています。この5年間で本当に多くの各国の強化リーダーたちと知り合うことができました。

彼ら彼女たちも岩渕さんと同じように、常に世界の中で勝つことを日々、考え行動をしています。代表チームが世界で勝つためには、協会が世界で一番になる必要があるという岩渕さんの主張は、的を得た考えだと思います。なぜなら、競い合うのは世界の中のライバルであり、国内のライバルではないからです。世界で勝ち上がるためには、代表チームだけが強くなっても、持続して勝ち続けることはできません。一過性の勝利ではなく、世界のトップグループに入っていくためには、組織として明確な方針とシステム化が必要なのです。そのためには、協会が世界を目指して変わらなければならないのです。

J－SSは、ハイパフォーマンススポーツセンターの中に位置づけられた科学、医学、情報面からトップアスリートやチームに、研究に基づく支援をする部門です。

私がJ－SSのスタッフに求めているのは、日本代表のアスリートやチームが目指しているのが世界で一番になることであるならば、自分たちの支援やその基盤となる研究も世界一を目指すべきだということです。

だから、岩渕さんが「協会として世界で一番を目指すべきだ」という意見には、とても共感します。国と国とで競い合いをしている中で、アスリートだけが世界一のハードワークを行っても世界一にはなれないでしょう。それを支えるすべての人、部門、組織が同じ方針の基で世界一のハードワークを実践しないと目標は達成できないのです。

日本のラグビーと、それを支える岩渕さんの活躍をもう少し見ていきたいと思います。

Column

「なぜ、なぜ、なぜ」世界のリーダーたちは問い続けるのか

8年前、日本オリンピック委員会（JOC）の情報戦略部会部会長などをしていた私は、1年間イギリスを拠点として、ヨーロッパ各国のオリンピック委員会やナショナルトレーニングセンターなどの強化責任者たちと会い、強化の方針、戦略、システムなどについて学び、そして各施設を視察していました。また、国際オリンピック委員会（IOC）が主催する国際会議などにも参加し、さらに、ロシア・ソチで開催された冬季オリンピック・パラリンピックにも現地に赴きミーティングと視察をしました。これらは表面上、IOCが開催する国際カンファレンスや国際総合競技大会ですが、裏側では熾烈な招致にまつわるロビー活動が行われていました。

私は直接的に招致活動をしていたわけではありません。しかし、それらの活動を遠目に眺めながら、自分が深く関わっていた国際競技力の強化という分野を取り巻く複雑な環境を垣間見ることができたのでした。さらに、招致活動成功の前と後で、日本に対する各国の微妙な接し方の違いを感じました。

それは言葉にしづらいのですが、各国のリーダーや主要スタッフたちと接する時の空気が微妙に変わったのでした。ヨーロッパ諸国から見れば極東の島国からきたスポーツ関係者が、オリンピック・パラリンピック開催国からきたゲストへと変わった瞬間だったのかもしれません。

その後、帰国した私は、2015年10月に国内のスポーツ行政を統括する目的で設置されたスポーツ庁の発足とともに、独立行政法人日本スポーツ振興セン

ターへ国の制度により出向することになりました。そして、今はトップアスリートをスポーツ科学、医学、情報面から支える国立スポーツ科学センターのセンター長やハイパフォーマンス戦略部部長などの職に就いています。

毎年、各国の強化責任者たちと国際カンファレンスなどで会い、会議やミーティングで情報交換を行っています。その理由は、国内にとどまっているだけでは地理的にもスポーツの政治的にも欧米諸国と比べて情報が入ってこないからなのです。この5年間で本当に多くの各国の強化リーダーたちと知り合うことができました。

多くの各国のリーダーたちから教えてもらったのは、直接会う機会の重要性です。公式の会議中だけでなく、コーヒーブレイク中の雑談、朝食時のフリートーク、夜のバンケットでの何気ない会話の中で相手の本音が垣間見え、重要な情報を聞くことができるのです。その他、時間をともにすることの大切さとネットワークの重要性も強く学びました。

これらの経験の中から強豪国に共通している強化活動に関する次の5つの点に気づきました。

①明確な強化方針がある
②強化プランとその評価制度を持っている
③強化プランが予算配分と深く関係している
④それらが一つの強化システムとして機能している
⑤これらを仕事として遂行する部門がある

イギリスＵＫスポーツの元パフォーマンスディレクターであったピーター・キーン氏（現ラフバラ大学）は、周囲から天才と称される働きをして、2012年ロンドンオリンピック・パラリンピックを機会にイギリスの強化システムを構築しました。

彼と最初に会ったのは、2013年のイギリス・ラフバラ大学でした。彼は矢継ぎ早に、「なぜ、イギリスを選んだのか」「なぜ、ラフバラ大学を選んだのか」「なぜ、私に会いたかったのか」と質問をしました。最初は、彼がなぜ私にこれらの質問をしたのか、よくわかりませんでした。ただ、その後、多くのリーダーたちと会うことで少しずつ理解していきました。

オランダの強化全般のリーダーは、マウリッツ・ヘンドリクス氏です。彼も会うと、「なぜ、メダル獲得目標が○○個なのだ」「なぜ、日本は選手村の外にサポートハウスを設置するのか」「なぜ、設置にあの場所を選んだのか」「なぜ、あのスポーツ機器を使っているのか、効果はどうなのか」と、必ず質問がきます。私の答えが不明瞭だと、質問は途切れませんし、納得するまで質問をしてきます。さらに、専門家の意見も求めてくるのです。

ハイパフォーマンススポーツ・ニュージーランド(HPSNZ)の前CEOアレックス・バーマン氏(現オーストラリア水泳連盟パフォーマンスディレクター)も同様です。彼は物腰も柔らかく、こちら側の質問にも丁寧に答えてくれますが、必ず最後に「なぜ、ニュージーランドのシステムが知りたいのか」「なぜ、その競技を強化しようと考えているのか」「なぜ、強化プランがないのか」、核心を突いた質問をしてきました。

日本にはまだ少ないですが、世界の中には多くの女性スポーツリーダーがいます。イギリスのUKスポーツの前CEOリズ・ニコル氏(現国際ネットボール連盟会長)、カナダ・オンタリオのナショナルトレーニングセンター所長のデヴィー・ロー氏もすばらしいリーダーです。そして、同じくカナダのOWN THE PODIUM(OTP)のCEOアン・マークリンガー氏もその一人です。彼女たちも、「なぜ、今のシステムを変えたいのか」「なぜ、今のシステムを変えられないのか」「なぜ、正しいと思うことができないのか」と、的確に質問を投げ掛けてきます。

2019年日本にやってきたイングランドスポーツ研究所(EIS)所長のナイジェル・ウォーカー氏も、その一人です。とにかく、鋭く、「なぜ、なぜ、なぜ」、と聞いてきます。そして、その後に、「どのように……」と続くのです。

彼ら彼女たちは、オリンピック金メダリスト、競技団体のナショナルチームコーチ、パフォーマンスディレクター、オリンピック選手でMBA(経営学修士号)フォルダーなど、強化における多種多様の経歴と経験を持っています。彼ら彼女たちの「なぜ」の質問は、自分自信の理解不足、迷い、理論構築の不備などを気づかせてくれるのです。

私が「なぜ」という質問を世界の中で最初に強く意識するようになったのは、２０１３年ロシアのサンクトペテルブルクで開催されたスポーツアコードという国際総合カンファレンスにおいて、デンマークオリンピック委員会国際部門のディレクターに質問をしたときからでした。彼女は、私の質問に一通り答えてくれた後、「何かをしようとするときには、自分自身に、なぜ、これがデンマークに必要なのか。なぜ、デンマークがそれをしなければならないのか。なぜ、デンマークでなければならないのか」、「なぜ、なぜ、なぜ、と3回、自問自答することで、本当にやるべきなのかどうかが見えてくる」、と教えてくれたのでした。

日本の企業でも同様の教えを説いているのが、世界の「トヨタ」であることは有名です。トヨタ改善方式につながる「５Ｗ１Ｈ（5回のＷＨＹと1回のＨＯＷ）」は、「なぜ」を5回繰り返せば真意がわかると言われているそうです。そして、最後に「どうやってやるのか」を明確に示すのです。まさにそのとおりだと思います。

ただ、物事の根幹はシンプルです。世界の一流企業であるトヨタの中で実践されていることが、世界のスポーツ界のリーダーたちも同様に考え、実践していたとしても何ら不思議ではありません。

大切なことは、「なぜ」を繰り返し、事実から原因を究明し、改善策を導き出すことが最も重要であるということなのです。世界の中で一番を競い合う「ハイパフォーマンススポーツ」においても世界のリーダーたちは、さまざまな機会を活用し、「なぜ」を繰り返したうえで最善の方法である「どのように」を見つけていくための努力を惜しまないのです。

第6章

最強の
チームマネジメントに必要な
「個の力」

今、求められる「インテリジェント・アスリート」の育成

現代のハイパフォーマンススポーツは、その競争構造において進化と深化を繰り返しながら競技レベルを高めています。その中の主役であるアスリートの育成は、昔のような「俺の言うことを聞け」的なコーチングでは対応ができなくなっているのです。その理由の一つとして、どの競技も試合の中での展開が速くなり、状況に応じた判断をフィールドでプレーをするアスリート自身が行わなければならない場面が増えています。そのため監督の指示を待っているだけでは対応ができなくなってきているのが実情です。

また、コーチの指示を待って行動する受け身の姿勢は、アスリート自身の競技者としての成長を妨げるだけでなく、引退後の社会においても適応が難しく、大きな課題となっています。

そこで、第1章で紹介した「パフォーマンスビヘービア」という概念が、課題解決に向けたポイントとなります。また、「ＨＡＣモデル(Holistic Athletic Career model)」についても紹介をしました。アスリートが競技のパフォーマンスを向上させるためには、フィールド外での社会的、教育的、財政的、法的な面を包括的にとらえて対応していくことが求められるのです。さらに、アスリートの成長にともなった年代に応じた関わり方も大切となります。

特に思春期のアスリートへの接し方は、その後のアスリートの人生を左右する大切なものです。中に

は、この時期に競技をやめていくアスリートもいるのです。

能動的に行動するアスリートが理想のチームには不可欠

このようにトップアスリートのパフォーマンスを向上させるためには、練習や試合をするだけでなく、生活面を含めた多様な取り組みが重要となっているのです。また、そこには多くの人々が関わって影響を与えることにもなります。

パフォーマンスビヘービアは第1章でも紹介したHACモデルを基盤に考えられた概念です。アスリートが成長する多面的な過程に着目し、行動改善に働きかけてパフォーマンスを向上させるという考え方です。さらに、この概念を支える理論として、「コグニティブレディネス(思考・認知などの知的な備え)」があります。

ハイパフォーマンススポーツで活躍するアスリートには、自ら考え、行動できる要因としてのコグニティブレディネスが必要なのです。そして、この部分を備えたアスリートを私たちは「インテリジェント・アスリート」と呼んでいます。

インテリジェント・アスリートは、どんな高強度なトレーニング期や最高レベルの大会時にも自分を見失うことなく、やるべきことを確実に実施することができるのです。さらに、競技や生活面においても、他者の模範となる行動をとることができます。

中田さんや岡田さんが目指す理想のチームを構成するアスリートは、まさにインテリジェント・アスリートだと言えるでしょう。能動的に行動し、どんな苦境においても前を見て乗り切る力を持ったアスリートが理想のチームには不可欠なのです。

コグニティブレディネスで重要な三つの要素

第1章で説明したように、インテリジェント・アスリートに不可欠なコグニティブレディネスを構成する12の要素の中で特に重要なのが、アスリートのセルフレギュレーション（自己調整力）、アダプタビリティ（適応力）、レジリエンス（持続力・耐久力）の三つです（図表6-1）。

一つめのセルフレギュレーションは、自らパフォーマンス向上に必要なPDCAサイクルを常に能動的に回す力です。これはハードなトレーニングの中でも、常に自主的に臨む姿勢を保ってくれます。また、この力を身につけることで、コーチの指示を待つ受け身の姿勢ではなくなるのです。

二つめのアダプタビリティは、新しいこと、変化、予測不可能な事態に対して、条件や状況に適応し対処する力です。

三つめのレジリエンスは、困難・危機的な出来事を経験した後にも、前向きかつ柔軟に物事に取り組む姿勢や態度を取れるのです。レジリエンス

図表6-1　ハイパフォーマンススポーツにおけるコグニティブレディネスの構成要素

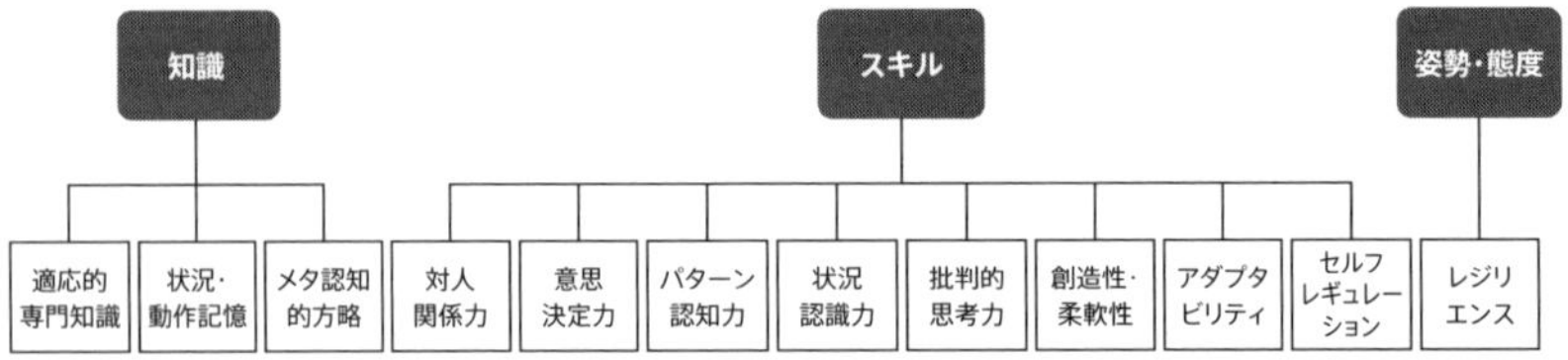

Wyllemanら（2017）から一部改変

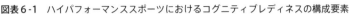

には、ネガティブな結果につながる可能性のあるストレス要因に立ち向かうことや、ネガティブな出来事を経験したとしても前向きにうまく適応してやり続けることができる能力を含んでいます。

岩渕さんは世界で勝負をしたいと考え、神戸製鋼のレギュラーの地位を捨て、イギリスへと渡りました。その中で多様な国籍と人種からなるリアルポリティクス（現実主義的なかけひき）を乗り越え、ケンブリッジ大学で自分本来のポジションでレギュラーを勝ち取り、伝統のザ・バーシティマッチ（ケンブリッジ大学とオックスフォーフォード大学の定期戦）に出場しました。さらに、イギリスのプロチームであるサラセンズで5年間、フランスのプロチームであるコロミエで1年間戦い続けられたのは、岩渕さん自身がインテリジェント・アスリートであり、そのために不可欠なコグニティブレディネスを備えていたからではないでしょうか。

中田さんがバレーボール女子日本代表監督を引き受けたときに選手たちに求めたのは、自分が現役であった頃の日立や日本代表チームの選手が兼ね備えていた能力だったのではないでしょうか。中田さんの話の中で出てくる過去の彼女やチームメイトは、当時の山田監督の猛烈な練習に耐えるというよりも、自ら向かっていく気構えが感じられました。そして、世界で一番になりたいというとてつもなく高い目標に向かって、自ら365日考え、努力し、オリンピックまで続けたからこそ、その能力を身につけたられたのだと思います。私はその能力こそ、コグニティブレディネスではないかと考えているのです。

岡田さんがサッカー日本代表チームを率いたのは、1998年と2010年ワールドカップです。

2回とも突然の代表監督交代により、その重責を任されたのです。中でも1998年の大会は、一度も出場したことのない憧れのワールドカップが目の前にぶら下がっている中で、監督経験ゼロの岡田さんに託されました。

1997年11月アジア最終予選、決戦の地はマレーシアのジョホールバル、相手は強豪イランでした。戦いの前、岡田さんは、「負けたら日本には戻れない」と腹を括ったそうです。また、そのときに遺伝子にスイッチが入ったというのです。さらに、2010年のワールドカップ前も同様に前監督のオシムさんが突然倒れて監督を任され、苦戦しながらも出場を勝ち取ったのでした。そしてこの大会では、自国以外のワールドカップベスト16の偉業を達成したのです。

これらの凄まじい経験が岡田さんにセルフレギュレーション(自己調整力)、アダプタビリティ(適応力)、レジリエンス(持続力・耐久力)の三つの要素を身につけさせたのではないかと思います。

日本からバスケットボールがなくなるかもしれないという危機的な状況下で、技術委員長の東野さんはフリオ・ラマス監督を招聘することに成功し、日本代表チームは奇跡の快進撃を続け、自力でのワールドカップ出場と東京オリンピック出場を勝ち取りました。

このように東野さんもまた、日本代表が勝つための環境を逆境の中で創意工夫をして作ってきたのです。この過程が東野さんに前述の3名と同じようにコグニティブレディネスを身につけさせたのではないでしょうか。

岩渕さん、中田さん、岡田さん、そして東野さんたちは、パフォーマンスピヘービアの概念やコグニティブレディネスの理論を知っているわけではありませんが、自らの経験の中で三つの要素を身につけていったのかもしれません。

私は4者が理想とするチームを創り、組織を整えて世界で勝つために、個の力を兼ね備えたインテリジェント・アスリートの育成が必要なのだと考えています。

そして、岩渕さん、中田さん、岡田さん、そして東野さんたちが無意識でできている三つの要素を意図的に体系化してインテリジェント・アスリートを育成するためには、コグニティブレディネスの理論が重要となるのです。

個の力を活かす仕組み

現代のスポーツを取り巻く環境は、急速に変化を遂げています。特にオリンピック、ラグビーやサッカーのワールドカップ、そして欧米のプロフェッショナルスポーツの環境は劇的に変っています。

ハイパフォーマンススポーツは、近年、高速化と高度化が加速度的に進んでいます。どのスポーツもプレーの一つひとつのスピードが速まり、技の難度が高くなっています。それは、オリンピックの各競技における記録の更新や、見たことがないくらい高度な技の連続からも理解できます。さらに、ラグビーやサッカーのワールドカップにおいても、縦に速いスピードある攻撃は見ている者を魅了し、巧みなボールさばきの技術力に感嘆の声をあげます。まさにこれらの領域のスポーツでは、卓越したプレーが繰り広げられているのです。

　そのため最近のハイパフォーマンススポーツでは、科学とテクノロジーを駆使した分析を基に、トレーニングや実践練習が組み立てられています。特にテクノロジーの活用は、ドローンによる空中からの俯瞰した映像の撮影、ＧＰＳ（全地球測位システム）による走行距離、スピード、強度の測定など、レーザーセンサーによるトラッキングシステム、複数のハイスピードカメラを使った多視点映像分析、さらに、５Ｇによる高速データ通信、そしてＩｏＴによる誰もがどこでもインターネットにつながる時代となっており、あげればきりがないほど国内外においてスポーツの世界でも活用が進んでいます。

　ハイパフォーマンススポーツを更に進化させるためには、第１章で紹介したとおり、科学とテクノロジーを活用した可視化（見える化）が必要であることは間違いありません。ただ、可視化やテクノロジーの

図表6-2　競技力強化の構成要素

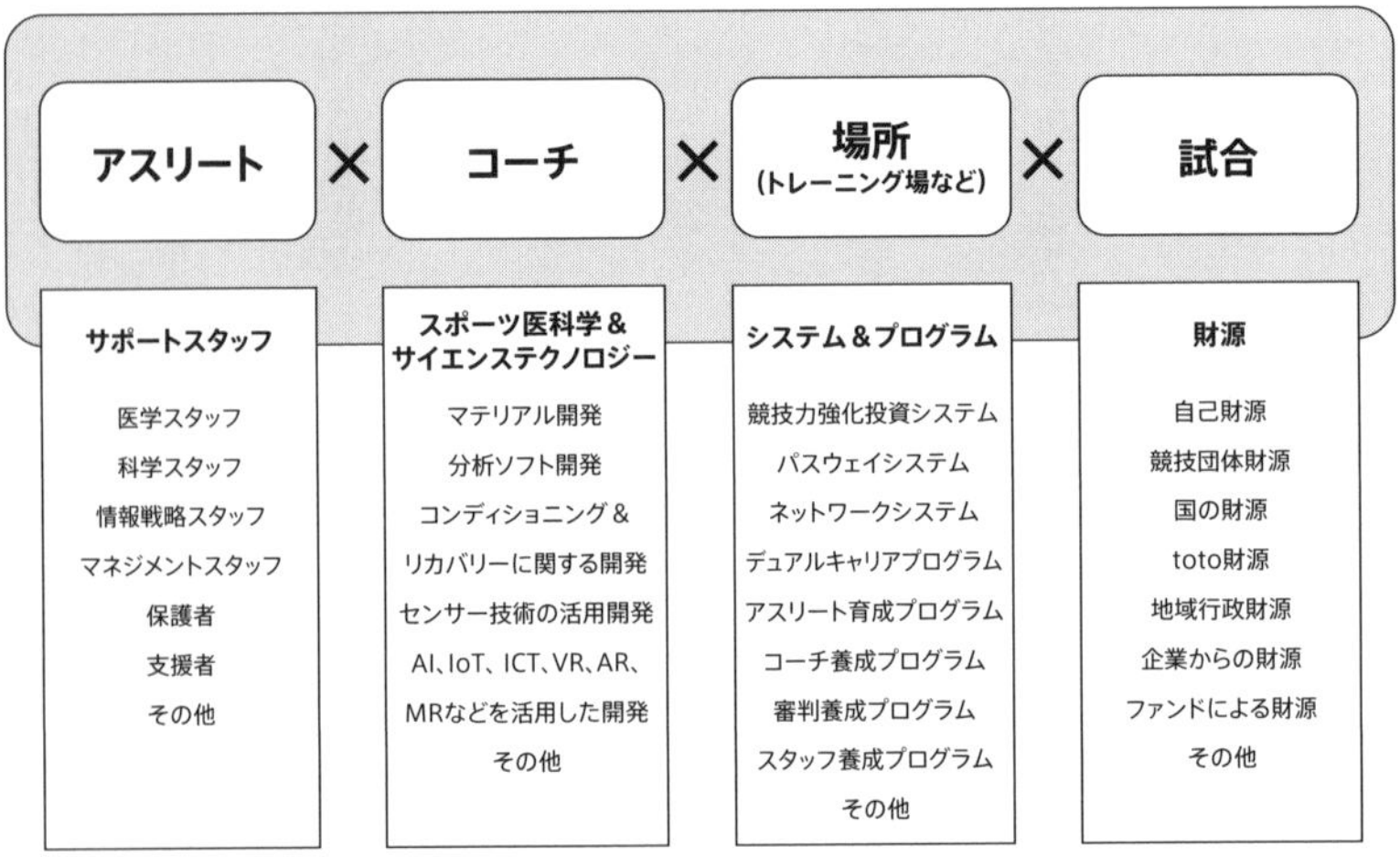

活用のためには、専門スタッフが必要になることも事実です。さらに、トレーニングや試合の後の身体のリカバリー（回復）が一般的になっている今日、メディカル関係のスタッフの充実も欠かせません。

こうした中で、最近のハイパフォーマンススポーツにおける競技力強化の構成要素を整理しておくことは、多くのスポーツ分野において参考になるでしょう（図表6－2）。このことを理解しておくことは、多くのスポーツ分野、またはスポーツ以外の分野においても応用できる可能性があるのではないでしょうか。

中長期を見据えた人材育成と強化の計画が必要

30年前、世界で一番を目指すときには、アスリートとコーチが死に物狂いで練習に明け暮れた時代がありました。ひたすら努力と根性で必死に世界に食らいついていった時代でした。それから時は流れ、科学的サポートが一般的になり、医学やテクノロジーの必要性を否定する者がいなくなっていった中で、アスリートとコーチを取り巻くスタッフの数も増えていきました。それにともないチームを維持するためには、予算の増加も必要となっていったのです。

「アスリートやコーチ」の育成と養成について、その重要性は多くの関係者が理解しています。ただ、まだまだ学ぶことが多くあります。なぜ、学ぶ必要があるのでしょうか。それは、前述のように高速化、高度化が進んでいるスポーツの世界では、アスリートの心身にこれまで以上の負荷がかかっているからです。そのことを理解し、適切な対応をしていくためにもアスリートとコーチは、スポーツ科学、医学、テクノロジーなどのサイエンスリテラシーを学ぶことが求められる時代なのです。さらに、アスリートは自分のキャリアについても考える必要があり、それを学ぶことが重要となっています。また、コーチは進化するスポーツの中で、コーチングについても探求し続けることが求められるのです。時代に則した新しいコーチングを常に模索することが大切です。

このようにアスリートやコーチが学ぶシステムやプログラムが必要となっています。その他、アスリートを取り巻くスタッフ養成のためのシステムやプログラムも整えることが重要となっています。その一つが、バスケットボールの東野さんが掲げた、「日常を世界基準にする」ことです。そのためには、審判のレベルも世界基準にする必要があるのです。もちろん、その他のアスリートを取り巻くスタッフのレベルも世界基準にしなければなりません。

次に「場所」の重要性については、トレーニング、栄養、休養というコンディショニング(調整)のセオリー(理論)に基づいて考えると理解が進むでしょう。激しいトレーニング後に適切な栄養補給を行い、速やかに休息を取ることはリカバリーの面からも大切です。つまり、練習場(専門トレーニング場、基礎体力トレーニング場など)と宿舎(レストランを含む)が同一の場にあることが重要なのです。サッカーやラグビーのプロフェッショナルリーグや日本代表のチームがキャンプを張るときには、前述の施設に加えてリカバリー施設(プールやサウナなど)の常設を条件に入れるのが一般的となっています。その意味から、「場所」という最小単位の要素も、年々変化してきています。

最後に「試合」ですが、これはどの競技であっても重要な要素です。練習ではよい結果を出すが、試合になると実力を出せないというアスリートは少なくありません。試合には、「負けてもいいので実力が上の相手と経験を積ませる試合」「実力の拮抗する相手との試合」「格下の相手と対戦することでレベルの高い技術練習を試みる試合」など、さまざまな試合があります。つまり、この試合の部分は、監督のチーム作りと深く関係していますし、その力量が試されるところでもあります。監督が世界とのネットワークを有していれば、強豪国とのマッチメーキングが可能となります。これらのことから、「試合」をどのように組むかは、これまで行ってきたトレーニングを評価する意味においても、とても大切な要素となります。

勝利を追求していくためにはこのように、構成要素を理解したうえで時代に則したシステムとプログラムを作っていくことが必要となっています。そして、これらのことは、決してハイパフォーマンススポーツと言われる特別な世界だけの出来事ではありません。多くのスポー

図表６-３　ハイパフォーマンススポーツにおける中長期計画／金メダル獲得までの道筋

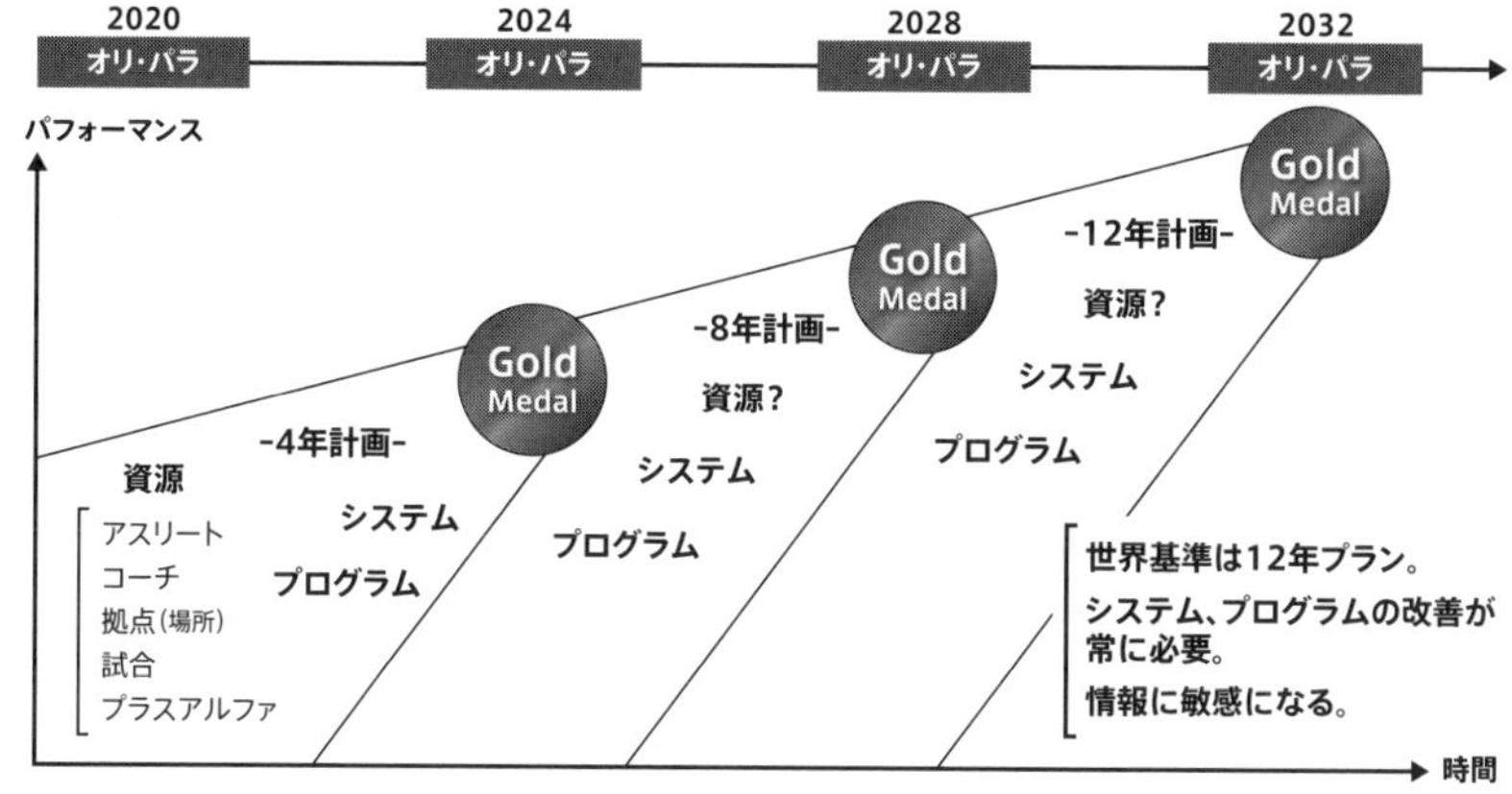

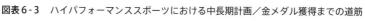

ツで必要であり、スポーツ以外の世界においても同様と言えるでしょう。

たとえば、どの分野においても人材の育成は永遠の課題です。その人材育成には、さまざまな研修を行う必要があります。しかし、研修だけでは人は育ちません。必要なのは、本番という実践です。いわゆるオンザジョブトレーニングが、研修で得た知識を経験に変えてくれることを多くの人が知っています。それが、スポーツでは試合なのです。

人材育成のためによい試合をどれだけ組めるかが監督やコーチの力量であるように、どれだけよい仕事の場を部下に与えられるかがよい上司の能力と言えるのではないでしょうか。

また、一過性の強化策で終わらせないようにするためには、中長期を見据えた育成と強化の計画が必要となります（227頁の図表6-3）。

つまり、個の力を活かすための仕組みづくりとしては、計画に基づき資源を確認し、システムとプログラムを常に改善していくことが必要となるのです。

個の力を最大限化する「守破離」の考え方

これまで述べてきたとおり、世界の中で勝つためには個の力を極限まで高める努力が必要なことは明らかです。そのうえでチーム競技では、暗黙の了解として次にチームメイトがどのように動くのかを理解しておく必要があります。「そんなことができるのか？」と思われる人は多いことでしょう。しかし、世界のトップチームでは、それが日常的に行われているのです。そして、近年の日本代表でもそれが垣間見られたシーンがいくつかありました。

創造的で独創的な世界レベルのプレー

たとえば、ラグビーでは相手のタックルを受け、自分の体勢が崩れている中でも味方にパスをつなぐオフロードパスといわれるプレーがあります。世界の一流アスリートが行うプレーの一つですが、日本代表もラグビーワールドカップ２０１９では、このオフロードパスを駆使してボールをつないで強豪チームに競り勝ち、初めてベスト８に入ったのです。

中でも決勝トーナメント進出を決めたスコットランド戦で前半立て続けに奪ったトライは、オフロードパスを駆使した創造的なプレーの典型と言えるのではないでしょうか。

０対７で負けていた前半17分、左サイドに展開した日本はバックスの福岡堅樹選手がオフロードパスで味方の松島幸太朗選手につなぎ、そのままトライを奪い返しました。

続いて前半25分に７対７の同点から見せたフォワードの堀江翔太選手から逆転のトライをあげた稲垣啓太選手まで３名がオフロードパスをつないでの一連のプレーは、まさに極限まで鍛え上げた個の力が大舞台のワールドカップにおける大切な試合の中でチームとして調和を醸し出し、独創的なプレーを生んだシーンでした。

もちろん、オフロードパスは日本だけのプレーではありません。強豪国は、どのチームも実践しています。特にすばらしいのは、ワールドカップで3回の優勝を誇るニュージランド(愛称：オールブラックス)です。彼らのオフロードパスを含む変幻自在のプレーは、観ている者に感動すら与える芸術の域に達したものと言えるでしょう。

ただ、オフロードパスは、難易度が高く強いフィジカル(身体的)と精度の高い技術、そして的確な味方のサポートが必要であり、失敗すると相手にボールを奪われ、形勢が一気に逆転する可能性の高いプレーでもあります。そのためサポートする選手は、ボールを持っている選手がどんなプレーをするのかを理解しておくことも必要となるのです。

サッカーワールドカップ２０１８大会において、日本代表は初のベスト8をかけた決勝トーナメント1回戦で、優勝候補の一つである世界ランキング3位のベルギーと対戦しました(日本61位)。その中で、後半3分に自陣で乾貴士選手が相手のパスコースを読んでボールを奪い、柴崎岳選手へパスを出しました。この時点で原口元気選手が敵陣に向かって縦に一気に駆け上がっていったのです。その後、柴崎選手は縦にパスを通し、それを受けた原口選手がゴールを奪いました。カウンター攻撃で縦に鋭く切れ込んだ見事なゴールでした。この試合のパス回しとボールさばきは、黄金世代と言われるベルギー代表を上回っていたと言われました。

この攻撃は、まさに創造的な世界レベルのプレーと言えるでしょう。そして、それを支えていたのは、世界レベルの個の強さと、味方がどういうプレーをするのかを理解していたからこそ生まれたものだったのです。

「個の強さ」を高め、チームの方向性を合わせる仕組みを作る

それでは、どうすれば味方の動きを理解することができるのでしょうか。それは経験だけがなせる技なのでしょうか。そうではないのです。たとえばスペインというサッカーの強豪国には、「プレーモデル」と呼ばれるサッカーの型があります。それを16歳までに身につけさせたうえで、その後は自由にプレーをさせるそうです。

このことを知った岡田さんは、自ら日本独自のプレーモデルを4年の歳月をかけて考案し、それを浸透させた「岡田メソッド」と言われる方法論を創ったのでした。将来、プレーモデルを身につけた選手たちが、ワールドカップのベルギー戦で見せたような世界を驚愕させるようなプレーを日常的に実践できるようになったとき、日本はワールドカップで優勝する夢が本気で見られるのではないでしょうか。

つまり、個の力をつけることと同時に、チームのメンバーがプレー中に同じ絵を頭で描きチームとしての調和を醸し出すための仕組みも必要なのです。

日本には古来より「守破離」という武道の教えがあります。私は柔道の講道館館長である上村春樹さんから「守破離」について直接、教わったことがあります。その中で柔道における形（型）の重要性と、それを身につけるための練習量の大切さについて教えを受けました。

瞬時に勝敗を決める柔道において、技の鍛錬は必須です。ただ、その技一つひとつに形（型）があるのです。柔道だけでなく、日本古来の武道にはすべて形（型）が存在します。その形（型）を試合で使えるよ

うに身につけるためには、何百、何千、何万回という量の練習が必要なのです。これは、本書で述べてきた個の強さを身につけるために避けては通れない部分です。

岡田さんは、メソッドの中で「守破離」についても触れています。「守」はプレーモデルの原則を知識として体得し、「破」はその原則を実際のプレーの中で自ら選択して実行し、「離」とは原則は潜在意識に入っていながらも頭が完全にフリーな状態で直感的に生き生きとプレーをすること、とまとめています。

おそらく世界中の強豪国のチームにはメソッドがあり、それに基づくトレーニングを幼少期から長い年月をかけて日々行い、さらに、実践のゲームを通して微修正を繰り返しています。そして、そのメソッドは国や組織・チームの歴史、宗教、地理、環境などによっても違ってくるのだと思います。

本書の中で触れたビジネスフレームや科学的なトレーニングは、正しく使えばある程度の結果を出すことができます。それは、岡田さんの考えるプレーモデルや日本古来の武道における「守破離」の考え方と同じではないでしょうか。

ただ、チームや組織には、それぞれの異なった風土や環境、そして個性の違う人が加わることで、独自のパフォーマンスを生み出すことを忘れてはいけません。つまり、個の強さを高める努力と、チームの方向性を合わせる制度がそろったときにパフォーマンスは、最も高いレベルで発揮されるのです。ハイパフォーマンススポーツで繰り広げられるプレーは、その典型と言えるでしょう。

あとがき

２０２１年、私たちは時代の転換点を迎えています。これまで当たり前だった事象が当たり前でなくなり、一見完成されていたように見えたビジネスモデルも破綻し、新しい生活様式を余儀なくされています。

それはスポーツの世界も同じです。これまでのアスリートやチームを強化・育成するシステムが機能しなくなり、新しいシステムの必要性が叫ばれています。その中で考え方を変え、既存の資源をうまく機能させることが求められています。

パラリンピックの父と言われたルートヴィヒ・グットマン博士は、「失われたものを数えるな、残されたものを最大限に生かせ」と言葉をかけ、患者たちを励ましていたそうです。まさに、今、私たちに求められる考え方と言えるでしょう。

日本では、２０１４年からパラリンピックの管轄が厚生労働省から文部科学省に移管されました。これを境に、オリンピックとパラリンピックを一体とした強化策が唱えられるようになり、時を同じく、社会ではダイバーシティー（多様性）の重要性が叫ばれ、さらにインクルージョン（包摂）という多様な人々を活かす社会の必要性が唱えられるようになりました。その中で私たちはオリンピックから学ぶこともあれば、パラリンピックから学ぶこともあります。さらに、オリンピックの競技からパラリンピックの競技に伝えることもあれば、パラリンピックの競技からオリンピックの競技に伝えることもあります。

スポーツ界はこれから先、未来に向けてさまざまな分野とのインテグレーション(融合)が求められる時代となるでしょう。スポーツ界の中だけの改革を行っても、課題は解決しません。閉じられた扉を開け、広く違う世界の人たちと融合していく必要があります。ただ、そのためにはスポーツ界のレベルアップも必要なことは言うまでもありません。

その一つが、ボランティア制度からの脱却です。これまで、日本のスポーツ界はボランティア制度によって支えられてきました。しかし、責任の所在を明らかにするためにも、一定のフルタイム制の導入は避けては通れません。

本書のテーマは、「なぜ、チームスポーツは強くなれたのか」です。一昔前、日本の中で連戦連勝を続け人気を博していたチームスポーツが、世界という扉を開けた途端、全く勝てないことを競技者側もファンも知ったのでした。しかし、その中で、もがき、考え、努力を重ねた結果、それぞれの代表チームは世界で勝ち上がっていく術を得たのでした。

それは単純にチームワークやマネジメントなどの手法を用いたからではありません。ビジネスフレームを学ぶだけで勝てるほど世界は甘くありません。

また、チームスポーツは、とかくチームワークや己を犠牲にしたプレーなどが美談として取り上げられることが多いのも事実です。しかし、ハイパフォーマンスを競い合うスポーツであれば、それは個々のアスリートがハイパフォーマンスを奏でる身体と体力を兼ね備えていない限り、世界で勝つことはできません。しかし、そのことを理解している人は少ないのです。

体操の内村航平選手や村上茉愛選手、柔道の阿部一二三選手や阿部詩選手、レスリングの文田健一郎選手や川井梨紗子選手、バドミントンの桃田賢斗選手や奥原希望選手など、あげればきりがないほど、日本の個人競技の選手たちは世界で一番になるためのハイパフォーマンスを身につけています。

なぜ、彼ら彼女が世界一になれたのでしょうか?

その基盤は毎日のハードトレーニングと、誰よりも多くの試合経験を積んだからです。同じようにチームスポーツが世界で勝つためには、個々のアスリートをハードワークにより鍛え上げることが必須です。ただ、世界で一番になるためには、ハードワークを能動的に行える力を身につけることです。

本書ではこの部分について、コグニティブレディネス(思考・認知などの知的な備え)として解説をしました。「コグニティブ」には精神の修養だけでなく「知」の鍛錬という意味合いもあります。そして、この力を身につけたアスリートを私たちは、インテリジェント・アスリートと呼んでいます。

個の力を磨くためには、誰かにやらされるのではなく能動的にハードワークを行う必要があります。そのうえで実践と思考を繰り返し、やり続けるのです。

本書の中でも紹介したビジネスフレームワークは、正しく使えばハードワークの助けとなります。ただ、重要な点は、それをやり続けることでしょう。前述の世界チャンピオンたちは、能動的にハードトレーニングをやり続けたからこそ世界で一番にたどり着きました。

今の時代にハイパフォーマンススポーツで求められているのは、インテリジェント・アスリートです。このアスリートの育成方法は、すでにオランダやベルギーでは実践と検証が行われています。一方、日本においては、ようやく研究がはじまったばかりです。

ただ、これらの研究結果は、スポーツだけでなく、教育や社会の中でも広く応用することができると私は考えています。それは、スポーツ基本法の理念である「スポーツを通した社会の発展」の一つとなるでしょう。

最後に、共同研究者であるポール・ウィルマン博士、片上絵梨子さん、野口順子さんの協力なしでは、コグニティブレディネスの理論を紹介できませんでした。ここに深く感謝の意を表します。また、今回も編集の村上直子氏、米田智子氏をはじめ、多くの方々の支援によって本書を書き終えることができたことにお礼を申し上げます。

時代の転換点の中で、スポーツを通した明るい未来を創造しつつ本書を世に送り出したいと思います。

２０２１年　春　ハイパフォーマンススポーツセンターにて

参考文献

Anshel et al.（2019）APA Handbook of Sport and Exercise Psychology,volume 1:Sport Psychology.American Psychological Association.

Blijlevens, S.（2019）Performance behaviour in elite sports. Uitgeverij VUBPRESS Brussels University Press.

独立行政法人 日本スポーツ振興センター（2014）「デュアルキャリアに関する調査研究」報告書 文部科学省

Ericsson et al.（1993）The role of deliberate practice in the acquisition of expert performance. Psychological Review, 100: 363-406.

Ertmer and Newby.（1996）The expert learner: Strategic, self-regulated, and reflective. Instructional Science, 24: 1-24.

Fletcher,J. D.（2004）Cognitive Readiness: Preparing for the unexpected. Institute for Defense Analysis.

Fletcher and Sarkar.（2012）A Grounded theory of psychological resilience in Olympic champions. Psychology of Sport and Exercise, 13: 669-678.

池田将人（2016）『PDCAプロフェッショナル』東洋経済新報社

生島 淳（2015）『ラグビー日本代表ヘッドコーチ エディー・ジョーンズとの対話』文藝春秋

岩月伸郎（2010）『生きる哲学 トヨタ生産方式』幻冬舎新書

岩渕健輔（2016）『準備する力』KADOKAWA

門田安弘（2006）『トヨタプロダクションシステム』ダイヤモンド社

久木留毅（2020）『アスリートの科学　能力を極限まで引き出す秘密』講談社

久木留毅 他（2021）パフォーマンス向上につながる行動改善：ハイパフォーマンススポーツにおけるコグニティブレディネスに着目して・ 体育学研究・早期公開・

慶応大学大学院システムマネジメント研究科編（2016）『システムデザイン・マネジメントとは何か』慶應義塾大学出版会

MacNamara et al.（2010）The role of psychological characteristics in facilitating the pathway to elite performance part 1: Identifying mental skills and behaviors. Sport Psychologist, 24: 52-73.

岡田武史（2019）『岡田メソッド』英治出版

大野耐一（2014）『トヨタ生産方式の原点』日本能率協会マネジメントセンター

Wylleman et al.（2017）De ontwikkeling van vier mentale trainingstechnieken. Sport Vlaanderen.

〔著者紹介〕

久木留 毅（くきどめ たけし）

JSCハイパフォーマンススポーツセンター 国立スポーツ科学センター センター長
ハイパフォーマンス戦略部部長／専修大学教授

筑波大学大学院体育研究科修了。スポーツ医学博士。法政大学大学院政策科学専攻修了。英国ラフバラ大学客員研究員、スポーツ庁参与、日本パラリンピック委員会（JPC）特別強化委員会委員、ASPC（国際スポーツ強化拠点連合）アジア大陸理事、UWW（世界レスリング連合）テクニカル委員会委員・科学委員会委員、日本オリンピック委員会（JOC）情報戦略部門 部門長、日本レスリング協会ナショナルチームコーチ兼テクニカルディレクターなどを歴任。著書に『Think Ahead―トップスポーツから学ぶプロジェクト思考』（生産性出版）、アスリートの科学―能力を極限まで引き出す秘密』（ブルーバックス／講談社）ほか。

第2章~第5章のインタビューは、2019年8月~2019年12月に行われたものです。

個の力を武器にする
最強のチームマネジメント論
――なぜ、チームスポーツは強くなれたのか

2021年5月13日　初版 第1刷発行

著　　者　久木留　毅
発 行 者　髙松　克弘
編集担当　村上　直子

発 行 所　生産性出版
〒102-8643　東京都千代田区平河町2-13-12
日本生産性本部
電　　話　03(3511)4034
https://www.jpc-net.jp/

印刷・製本　サン
装丁・本文デザイン　サン
写真　新谷　明史

ISBN 978-4-8201-2118-3